Low Carb
für den Thermomix

Rezepte fast ohne Kohlenhydrate

Vivian König

Impressum
Low Carb für den Thermomix:
Rezepte fast ohne Kohlenhydrate
(1. Auflage 2017)

Autor: Vivian König
Lektorat: Doris Eichhorn-Zeller

ISBN-13: 978-1542408257
ISBN-10: 1542408253

Inhaltsverzeichnis

Einführung **8**
Brot und Brötchen **13**
Leinsaat-Brot 13
Mediterranes Tomatenbrot 14
Chia-Samen-Brot 16
Haselnussbrot 17
Orientalische Aromabrötchen 18
Kräuterbrötchen 19
Walnussbrot 20
Mandelbrot 22
Weißkohlbrot 24
Eiweißbrot mit Zucchini 26
Aufstriche – herzhaft und süß **28**
Räucherlachsaufstrich 28
Tahina-Aufstrich 29
Schnittlauch-Chili-Aufstrich 30
Erdnussaufstrich mit getrockneten Tomaten 31
Tofu-Aufstrich 33
Orientalischer Möhrenaufstrich 34
Bratapfelaufstrich 35
Röstpaprika-Tahina-Aufstrich 36
Pikanter Feigenaufstrich 37
Avocado-Limetten-Dip 38
Smoothies **39**
Grapefruit-Möhren-Smoothie 39
Ananas-Rettich-Smoothie 40
Zitrus-Avocado-Smoothie 41
Kokos-Smoothie mit Wirsing 42
Kokos-Smoothie mit Möhren 43
Ananas-Smoothie mit Sellerie 44

Exotischer Smoothie mit Spinat	45
Exotischer Smoothie mit Rucola	46
Radieschen-Kiwi-Smoothie	47
Frühlings-Smoothie	48
Salate	**49**
Salat mit gegrillten Tomaten und Pfirsichen	49
Eiersalat mit Shrimps	51
Salat mit würzigen Hühnerbruststreifen	52
Salat mit roter Bete und Meerrettich-Klößchen	54
Bunter Salat mit pochiertem Ei	55
Superfood-Salat	57
Fleischwurst-Salat mit Weißkohl	58
Würziger Weißkohlsalat mit Makrele	60
Italienische Salatschüssel	61
Frühlingssalat mit Rinderfiletstreifen	63
Fleischgerichte	**65**
Hähnchenfilet mit Tomaten	65
Überbackene Hähnchenpfanne	66
Mit Spargel gefülltes Hähnchen	68
Hähnchenpfanne mit Zucchini-Spinat-Gemüse	70
Asiatische Schweinefleischpfanne	72
Schweinegeschnetzeltes mit Paprika	73
Lammfilet in fruchtiger Marinade auf Salatbett	75
Orientalische Lammpfanne	76
Rinderfilet mit Pfifferlingen	78
Rinder-Dattel-Carpaccio	79
Fischgerichte	**81**
Lachsfilet mit gebratenem Chicorée	81
Gemüsepfanne mit Lachsfilet	82
Lachs mit asiatischem Spinatgemüse	84
Thunfisch-Ricotta-Tortilla	86
Gefüllte Fleischtomaten mit Thunfisch	88
Kabeljaufilet auf mediterranem Gemüse	89

Kabeljau auf Gurkensalat 90
Kabeljaufilet nach französischer Art 92
Griechische Garnelenpfanne 94
Garnelencurry 95
Vegetarische Gerichte 97
Ricotta-Auberginen-Gratin 97
Kürbisauflauf 99
Ofenspargel 100
Zucherschoten-Spargel-Pfanne 102
Überbackener Blumenkohl 103
Orientalisches Omelett mit Minze 105
Spinat-Omelett 106
Französisches Omelett mit Camembert 107
Kohlrabi mit Tofu-Fülle 108
Kohlrabi-Auflauf 109
Eintöpfe 111
Tomaten-Hack-Eintopf 111
Gemüseeintopf mit Schwarzwurzeln
und Lachscreme 112
Griechischer Eintopf mit Schweinefleisch 114
Rosenkohleintopf mit Kürbis 116
Frühlingseintopf mit Hähnchen 117
Enteneintopf mit roter Bete 118
Chorizo-Eintopf 119
Kürbiseintopf mit Tomaten 120
Scharfer Paprika-Kohl-Eintopf 121
Hähncheneintopf mit Wirsing
und Zuckerschoten 122
Snacks 124
Gefüllte Tomaten 124
Paprikasnacks 125
Chicorée-Häppchen mit Ziegenkäse 126
Gemüsesticks mit Brunnenkresse-Dip 127

Tofu-Gemüse-Sticks 128
Asiatische Garnelenspieße 130
Chicorée-Snacks mit Salsa 131
Gurkenhäppchen mit Parmesancreme 132
Bratmöhren mit Taleggiokäse 133
Gemüsesticks mit Brunnenkresse-Dip 134
Desserts 135
Tassenkuchen mit Johannisbeeren 135
Tassenkuchen mit Schokostücken 136
Brownies 137
Erdbeer-Kokos-Creme 138
Apfelkuchen 139
Kokosquark 140
Erdbeersorbet 141
Quarksorbet 142
Vanillemilch mit Chia-Samen 143
Maracuja-Joghurt-Dessert 144
Impressum 145

Einführung

Fast Food ist ungesund, schadet dem Körper und überhaupt sollte man darum tunlichst einen großen Bogen machen? Das ist so nicht ganz richtig! Die Firma Vorwerk hat ein Multitalent auf den Markt gebracht, das es Ihnen ermöglichen wird, Ihr eigenes „Fast Food“ herzustellen – mit gesunden Zutaten, schonend zubereitet und absolut unkompliziert. Das Multitalent heißt „Thermomix“ und ist für alle, die ihn einmal ausprobiert haben, aus der Küche nicht mehr wegzudenken.
Der Thermomix ist ein Hightech-Küchenhelfer, der 12 Funktionen in einem Gerät vereint und dabei platzsparender nicht sein könnte: Der Durchmesser des Thermomix ist nicht größer als ein Blatt Papier, er passt also problemlos selbst in die kleinste Küche. Folgende Funktionen bringt der Thermomix mit:

- **dampfgaren**: Der Thermomix verfügt über einen eigenen Aufsatz („Varoma“), der mit der entsprechenden Funktion Gemüse, Fisch oder Fleisch schonend gart.
- **emulgieren**: Salatdressings können in Sekundenschnelle im Thermomix zubereitet werden.
- **kneten**: Ab jetzt ersparen sie sich die mühevollen Knethaken am Handmixer, denn im Thermomix können Sie Teige kneten lassen.
- **kochen**: Ganz klassisch kochen kann der Thermomix auch – allerdings weitaus besser, als Sie es bisher kannten: Beim Thermomix haben Sie die volle Kontrolle über Zeit, Temperatur und

Rührintensität. Mit wenigen kleinen Einstellungen kocht der Thermomix nahezu jedes Gericht für Sie.

- **kontrolliert erhitzen**: Die Temperatur kann von 37° C bis 120° C eingestellt und nach Bedarf beliebig erhöht oder gemindert werden.
- **mahlen**: Ab jetzt können Sie ganz einfach Gewürzmischungen kreieren, denn im Thermomix lassen sich Gewürze per Knopfdruck mahlen. Auch Nüsse oder Samen kriegt er problemlos klein.
- **mixen**: Ein Handmixer ist ab jetzt nicht mehr nötig. Sie fügen einfach alle Zutaten in den Mixbehälter und kreieren in wenigen Minuten per Knopfdruck einen leckeren Smoothie.
- **rühren**: Bei manchen Gerichten ist es notwendig, regelmäßig umzurühren – sei es, um die Konsistenz zu verbessern oder um ein Festkleben zu verhindern. Beim Thermomix können Sie diese Funktion ganz einfach einstellen und die Rührstufe anpassen.
- **schlagen**: In kürzester Zeit schlägt der Thermomix Sahne oder Eiklar auf.
- **vermischen**: Aufstriche oder Saucen lassen sich mit einem Knopfdruck vermischen und sind in wenigen Minuten fertig.
- **wiegen**: Der Thermomix verfügt über eine eigene Waage, sodass die Zutaten bequem eingewogen werden können.
- **zerkleinern**: Der Thermomix verfügt über scharfe Messer und zerkleinert problemlos und in Sekundenschnelle Käse, Schokolade, Kräuter, Zwiebeln, Knoblauch und vieles mehr.

Auch wenn es sich zu Beginn nicht so anhört, aber den Thermomix zu bedienen ist ganz einfach: Mit der Funktion „Guided Cooking" werden Sie schrittweise durch Ihre Lieblings-Rezepte geführt. Der Thermomix funktioniert digital, mit Hilfe des Touchscreens können Rezepte in das Gerät geladen werden, sodass Sie nur noch die Zutaten zugeben müssen – der Thermomix macht den Rest und stellt sogar Temperatur und Zeiten richtig ein. Kochen war noch nie so einfach!

Low-Carb – warum?

Wir alle wollen uns gesund ernähren, unserem Körper die richtigen Nährstoffe in der richtigen Menge zur Verfügung stellen und bestenfalls mit dem idealen Wohlfühlgewicht durch das Leben gehen. Leichter gesagt als getan, denn wir leben in einer Welt des Überflusses und wir alle lieben Genuss. Ein Moment der Schwäche kommt schnell, und schon sind alle guten Vorsätze über Bord geworfen. Passiert das allzu oft, ist das Wohlfühlgewicht schnell Vergangenheit und viele Leute beginnen ernsthaft, eine Diät in Erwägung zu ziehen. Doch eine Diät hält selten, was sie verspricht, und langfristig lässt sich im Grunde mit einer Diät gar nichts erreichen. Eine Ernährungsumstellung ist das Einzige, was Ihnen hilft, auf lange Sicht Ihr Wunschgewicht zu er- und zu behalten.

Hier kommen die magischen Worte „low-carb" ins Spiel: Low-Carb-Ernährung bedeutet nichts anderes, als dem Körper Kohlenhydrate nur in minimaler Zahl und bestenfalls nur zum richtigen Zeitpunkt zuzuführen.

Konkret bedeutet das Folgendes: Selbstverständlich

benötigt der menschliche Körper Kohlenhydrate ebenso sehr, wie er Fette, Eiweiß und andere Nährstoffe benötigt. Kohlenhydrate nehmen eine wichtige Funktion im Körper ein, denn sie gelten als DIE Energielieferanten. Da sind wir auch schon beim „richtigen Zeitpunkt“: Morgens und untertags benötigt Ihr Körper Energie, denn Sie müssen leistungsfähig sein. Sei es für körperliche Arbeit, Konzentrationsfähigkeit oder sportliche Betätigung – all das wird Ihnen nur gelingen, wenn Sie Ihren Körper mit ausreichend Energie, also Kohlenhydraten, versorgen. Morgens und mittags sollten Sie sich daher ausgewogen und gesund ernähren und Ihrem Körper die notwendige Menge an Kohlenhydraten zuführen. Abends jedoch ist das anders: Nach einem harten Tag hat Ihr Körper (und auch Ihr Verdauungstrakt!) Ruhe verdient. Nach dem Abendessen genießen Sie Ihren Feierabend und gehen zu Bett. Sie brauchen hierfür keine großartigen Energiereserven, was der Grund dafür ist, dass abends der beste Zeitpunkt ist, auf Kohlenhydrate weitestgehend zu verzichten. Sie werden schnell merken, dass Sie dadurch nicht nur an Gewicht verlieren, weil Sie Kalorien einsparen, sondern dass Ihr allgemeines Wohlbefinden gesteigert wird, weil Sie Ihrem Verdauungstrakt eine Pause gönnen. Dies wirkt sich auch auf Ihren Schlaf aus, denn ein Magen, der viel zu verarbeiten hat, sorgt auch dafür, dass Sie unruhig schlafen.

Wollen Sie hingegen viel Gewicht verlieren und den Prozess etwas beschleunigen, können Sie auch beim Mittagessen auf Low-Carb-Ernährung umsteigen. Achten Sie in diesem Fall darauf, dass Sie Ihrem Körper jedenfalls eine Mindestmenge an Kohlenhydraten zur Verfügung stellen, und trinken Sie ausreichend. Dasselbe gilt, wenn Sie auf eine komplette Low-Carb-Ernährungsweise umsteigen wollen: Achten Sie auf ausgewogene Ernährung und sorgen Sie dafür, dass Sie Ihrem Körper ausreichend wertvolle Nährstoffe zur Verfügung stellen.

Low-Carb-Ernährung lässt sich in jeden Alltag einbauen, kann auch mit Familie problemlos durchgeführt werden, verlangt keine großartigen Umstellungen und zwingt Sie nicht zu unmenschlichem Verzicht. Sündigen ist erlaubt – mit Maß und Ziel. Mit den nachfolgenden Rezepten werden Sie schnell lernen, dass Low-Carb-Ernährung mit einem hohen Maß an Genuss verbunden sein kann!

Brot und Brötchen

Leinsaat-Brot

Kcal 227 **Eiweiß** 10 g **Fett** 18 g **Kohlenhydrate** 2 g pro Portion
20 Portionen

Zutaten

600 g Leinsaat
10 Eiweiß
4 Eier
6 EL Olivenöl
6 EL Rapsöl
1 EL Backpulver
Salz

Zubereitung

1. Backofen auf 200 Grad Ober-/Unterhitze vorheizen.
2. Leinsaat in den Mixtopf geben und auf Stufe 8 für 10 Sekunden zerkleinern, bis die Leinsaat sehr fein ist. Backpulver, Salz, Eiweiß und Eier zugeben und alles mit der Knetfunktion für 5 Minuten kneten. 250 ml kaltes Wasser zugeben und 2 weitere Minuten kneten. Olivenöl und Rapsöl langsam einfließen lassen, dabei die Knetfunktion anlassen.
3. Kastenkuchenform mit Backpapier auslegen und die Leinsaatmasse sofort in die Form füllen. Im heißen Ofen auf mittlerer Stufe für 40 Minuten backen. 4. 15 Minuten abkühlen lassen und dann aus der Form stürzen und vollständig auskühlen lassen.

Mediterranes Tomatenbrot

Kcal 233 **Eiweiß** 10,2 g **Fett** 18,3 g **Kohlenhydrate** 2,5 g pro Portion
20 Portionen

Zutaten

600 g Leinsaat
60 g getrocknete Tomaten
10 Eiweiß
4 Eier
12 EL Olivenöl
1 EL Backpulver
Salz
2 Stiele Oregano
2 Stiele Thymian

Zubereitung

1. Backofen auf 200 Grad Ober-/Unterhitze vorheizen.
2. Kräuter waschen, gut trocken schütteln und Blättchen abzupfen.
3. Leinsaat in den Mixtopf geben und auf Stufe 8 für 10 Sekunden zerkleinern, bis die Leinsaat sehr fein ist. Umfüllen, Tomaten einfüllen und auf Stufe 5 für 4 Sekunden zerkleinern. Mit dem Spatel herunterschieben, Leinsaat, Backpulver, Salz zufügen.
4. Alles auf Stufe 3 für 5 Sekunden vermischen, anschließend Eiweiß und Eier zugeben und alles mit der Knetfunktion für 5 Minuten kneten. 250 ml kaltes Wasser zugeben und 2 weitere

Minuten kneten. Olivenöl langsam einfließen lassen, dabei die Knetfunktion anlassen. Am Schluss die Kräuter zugeben und noch einmal verkneten.

5. Kastenkuchenform mit Backpapier auslegen und die Leinsaatmasse sofort in die Form füllen. Im heißen Ofen auf mittlerer Stufe für 40 Minuten backen.
6. 15 Minuten abkühlen lassen und dann aus der Form stürzen und vollständig auskühlen lassen.

Chia-Samen-Brot

Kcal 227 **Eiweiß** 9,5 g **Fett** 18 g **Kohlenhydrate** 2,5 g pro Portion
20 Portionen

Zutaten

500 g Leinsaat
100 g Chia-Samen
10 Eiweiß
4 Eier
12 EL Macadamia-Nussöl
1 EL Backpulver
Salz

Zubereitung

1. Backofen auf 200 Grad Ober-/Unterhitze vorheizen.
2. Leinsaat in den Mixtopf geben und auf Stufe 8 für 10 Sekunden zerkleinern, bis die Leinsaat sehr fein ist. Chia-Samen, Backpulver, Salz, Eiweiß und Eier zugeben und alles mit der Knetfunktion für 5 Minuten kneten. 250 ml kaltes Wasser zugeben und 2 weitere Minuten kneten. Macadamia-Nussöl langsam einfließen lassen, dabei die Knetfunktion anlassen.
3. Kastenkuchenform mit Backpapier auslegen und die Leinsaatmasse sofort in die Form füllen. Im heißen Ofen auf mittlerer Stufe für 40 Minuten backen.
4. 15 Minuten abkühlen lassen und dann aus der Form stürzen und vollständig abkühlen lassen.

Haselnussbrot

Kcal 236 **Eiweiß** 9 g **Fett** 19,6 g **Kohlenhydrate** 3 g pro Portion
20 Portionen

Zutaten

500 g Leinsaat
100 g Haselnüsse
10 Eiweiß
4 Eier
6 EL Haselnussöl
6 EL Sonnenblumenöl
1 EL Backpulver
Salz

Zubereitung

1. Backofen auf 200 Grad Ober-/Unterhitze vorheizen.
2. Leinsaat und Haselnüsse in den Mixtopf geben und auf Stufe 8 für 10 Sekunden zerkleinern, bis die Mischung sehr fein ist. Backpulver, Salz, Eiweiß und Eier zugeben und alles mit der Knetfunktion für 5 Minuten kneten. 250 ml kaltes Wasser zugeben und 2 weitere Minuten kneten. Haselnussöl und Sonnenblumenöl langsam einfließen lassen, dabei die Knetfunktion anlassen.
3. Kastenkuchenform mit Backpapier auslegen und die Leinsaatmasse sofort in die Form füllen. Im heißen Ofen auf mittlerer Stufe für 40 Minuten backen.
4. 15 Minuten abkühlen lassen und dann aus der Form stürzen und vollständig auskühlen lassen.

Orientalische Aromabrötchen

Kcal 242 **Eiweiß** 10,1 g **Fett** 17,5 g **Kohlenhydrate** 2 g pro Portion
12 Portionen

Zutaten

250 g Leinsamen
250 g Kokosmehl
60 g Hefe
100 ml Sonnenblumenöl
1 TL Kardamom-Samen
1 TL Zimt
2 TL Orangenschale
Salz, Cayennepfeffer, Cumin
½ Bund Minze

Zubereitung

1. Minze waschen, gut trocken schütteln und Blättchen abzupfen. Leinsamen, Kardamom-Samen und Minzeblättchen in den Mixtopf geben und auf Stufe 8 für 6 Sekunden zerkleinern, bis ein feines Pulver entsteht. Umfüllen.
2. Hefe und 400 ml warmes Wasser in den Mixtopf geben und mit der Knetfunktion für 30 Sekunden verkneten. Leinsamenmischung, Öl, Salz, alle Gewürze und Orangenschale zugeben und mit der Knetfunktion für 5 Minuten verkneten. Teig in eine Schüssel füllen und für ca. 1 Stunde bei Zimmertemperatur ruhen lassen.
3. Teig nochmals mit den Händen durchkneten, zu einer Rolle formen und in
4. 12 gleich große Stücke teilen. Die Stücke zu

runden Brötchen formen und auf ein mit Backpapier belegtes Backblech legen. Abdecken und nochmals 20 Minuten ruhen lassen.
5. Backofen auf 200 Grad Ober-/Unterhitze vorheizen. Brötchen auf die mittlere Schiene schieben und 20 Minuten backen.

Kräuterbrötchen

Kcal 242 **Eiweiß** 10,1 g **Fett** 17,5 g **Kohlenhydrate** 2 g pro Portion
12 Portionen

Zutaten
250 g Leinsamen
250 g Kokosmehl
60 g Hefe
100 ml Olivenöl
Salz
etwas Süßstoff
je 2 Zweige Oregano, Basilikum, Thymian, Rosmarin

Zubereitung
1. Kräuter waschen, gut trocken schütteln und Blättchen abzupfen. Leinsamen und Kräuter in den Mixtopf geben und auf Stufe 8 für 6 Sekunden zerkleinern, bis ein feines Pulver entsteht. Umfüllen.
2. Hefe und 400 ml warmes Wasser in den Mixtopf geben und mit der Knetfunktion für 30 Sekunden verkneten. Leinsamen-Kräutermischung, Öl, Salz und Süßstoff zugeben und mit der Knetfunktion für 5 Minuten

verkneten. Teig in eine Schüssel füllen und für ca. 1 Stunde bei Zimmertemperatur ruhen lassen.

3. Teig nochmals mit den Händen durchkneten, zu einer Rolle formen und in
4. 12 gleich große Stücke teilen. Die Stücke zu runden Brötchen formen und auf ein mit Backpapier belegtes Backblech legen. Abdecken und nochmals 20 Minuten ruhen lassen.
5. Backofen auf 200 Grad Ober-/Unterhitze vorheizen. Brötchen auf die mittlere Schiene schieben und 20 Minuten backen.

Walnussbrot

Kcal 195 **Eiweiß** 10 g **Fett** 10 g **Kohlenhydrate** 8 g pro Portion
15 Portionen

Zutaten
500 g Leinsamen
125 g Walnussmehl
1 EL Salz
10 g Hefe
2 TL Süßstoff
½ TL Olivenöl

Zubereitung
1. Leinsamen in den Mixtopf geben, Salz zufügen und alles auf Stufe 8 für
2. 7 Sekunden zerkleinern, bis die Leinsamen fein geschrotet sind. Umfüllen. Hefe, Süßstoff und

350 ml lauwarmes Wasser in den Mixtopf geben und mit der Knetfunktion für 30 Sekunden verrühren. Leinsamen und Walnussmehl zufügen und alles mit der Knetfunktion für 5 Minuten zu einem glatten Teig verkneten. Sollte der Teig zu trocken sein, noch 1-2 EL Wasser zufügen.

3. Teig zu einer Kugel formen und in eine Schüssel legen. Die Schüssel mit Klarsichtfolie abdecken und für 1 Stunde an einem warmen Ort ruhen lassen, bis sich das Volumen des Teiges verdoppelt hat.
4. Nach der Ruhezeit den Teig noch einmal kräftig mit den Händen durchkneten. Ein Backblech mit Backpapier auslegen und den Teig darauflegen. Eine große Schüssel mit Öl ausstreichen und über den Teig stülpen. Den Teig weitere 45 Minuten gehen lassen.
5. Backofen auf 250 Grad vorheizen, dabei ein mit ca. 500 ml Wasser gefülltes tiefes Backblech auf die unterste Schiene stellen. Backblech mit dem Teig in den heißen Ofen schieben und auf mittlerer Schiene 10 Minuten backen. Nach 10 Minuten das Blech mit dem Wasser aus dem Ofen nehmen, die Ofentemperatur auf 210 Grad herunterschalten und das Brot für weitere 35 Minuten fertig backen.
6. Anschließend die Ofentür leicht öffnen und das Brot weitere 5 Minuten backen. Dann auf ein Gitter legen und auskühlen lassen.

Mandelbrot

Kcal 195 **Eiweiß** 10 g **Fett** 10 g **Kohlenhydrate** 8 g pro Portion
15 Portionen

Zutaten

500 g Leinsamen
125 g Mandelmehl
1 EL Salz
10 g Hefe
½ TL Olivenöl

Zubereitung

1. Leinsamen in den Mixtopf geben, Salz zufügen und alles auf Stufe 8 für 7 Sekunden zerkleinern, bis die Leinsamen fein geschrotet sind. Umfüllen. Hefe und 350 ml lauwarmes Wasser in den Mixtopf geben und mit der Knetfunktion für 30 Sekunden verrühren. Leinsamen und Mandelmehl zufügen und alles mit der Knetfunktion für 5 Minuten zu einem glatten Teig verkneten. Sollte der Teig zu trocken sein, noch 1-2 EL Wasser zufügen.
2. Teig zu einer Kugel formen und in eine Schüssel legen. Die Schüssel mit Klarsichtfolie abdecken und für 1 Stunde an einem warmen Ort ruhen lassen, bis sich das Volumen des Teiges verdoppelt hat.
3. Nach der Ruhezeit den Teig noch einmal kräftig mit den Händen durchkneten. Ein Backblech mit Backpapier auslegen und den Teig darauflegen. Eine große Schüssel mit Öl ausstreichen und

über den Teig stülpen. Den Teig weitere 45 Minuten gehen lassen.

4. Backofen auf 250 Grad vorheizen, dabei ein mit ca. 500 ml Wasser gefülltes tiefes Backblech auf die unterste Schiene stellen. Backblech mit dem Teig in den heißen Ofen schieben und auf mittlerer Schiene 10 Minuten backen. Nach 10 Minuten das Blech mit dem Wasser aus dem Ofen nehmen, die Ofentemperatur auf 210 Grad herunterschalten und das Brot für weitere 35 Minuten fertig backen.
5. Anschließend die Ofentür leicht öffnen und das Brot weitere 5 Minuten backen. Dann auf ein Gitter legen und auskühlen lassen.

Weißkohlbrot

Kcal 182 **Eiweiß** 8,4 g **Fett** 13,4 g **Kohlenhydrate** 1,3 g pro Portion
15 Portionen

Zutaten
150 g Weißkohl
50 g Zwiebeln
1 TL Margarine
20 g Hefe
400 g Leinsamen
200 ml Sahne
Süßstoff
Kümmelsaat, Paprikapulver, Salz

Zubereitung
1. Weißkohl putzen und waschen, Zwiebeln schälen und grob zerkleinern. Beides in den Mixtopf geben und auf Stufe 5 für 6 Sekunden zerkleinern. Umfüllen. Leinsamen in den Mixtopf geben und auf Stufe 8 für 10 Sekunden sehr fein zerkleinern. Umfüllen.
2. Margarine in den Mixtopf geben und bei 100 Grad/Rührstufe schmelzen lassen. Zwiebel und Kohl zufügen und für 2 Minuten/Linkslauf andünsten. Je 1 TL Kümmel und Paprika zufügen, kräftig salzen und für eine weitere Minute dünsten. Anschließend umfüllen und auskühlen lassen.
3. Die Hefe in den Mixtopf bröseln, 100 ml lauwarmes Wasser zugeben und auf Stufe 5 für

20 Sekunden verrühren. Leinsamen, Süßstoff und Sahne zugeben und mit der Knetfunktion für 10 Minuten zu einem weichen Teig verkneten. In eine Schüssel füllen und zugedeckt an einem warmen Ort gehen lassen, bis der Teig die doppelte Größe erreicht hat.

4. Anschließend den Teig mit den Händen kurz verkneten und die Weißkohlmischung dabei einarbeiten. Zu einer Kugel formen und weitere 30 Minuten gehen lassen.
5. Den Teig auf ein Backblech stürzen, mit einem scharfen Messer ein Kreuz in die Oberfläche ritzen und im vorgeheizten Backofen bei 220 Grad Ober-/Unterhitze für 30 Minuten backen. Danach die Temperatur auf 180 Grad reduzieren und weitere 30 Minuten backen.

Eiweißbrot mit Zucchini

Kcal 262 **Eiweiß** 34 g **Fett** 12 g **Kohlenhydrate** 8,5 g pro Portion
12 Portionen

Zutaten
100 g Mandeln
100 g Leinsamen
20 g Weizenkleie + 1 EL Weizenkleie
20 g Dinkelvollkornmehl
1 Pck. Backpulver
300 g Magerquark
100 g Zucchini
8 Eiweiß
2 EL Kürbiskerne
Salz

Zubereitung

1. Zucchini waschen, in den Mixtopf geben und auf Stufe 8 für 5 Sekunden zerkleinern. In ein Küchentuch umfüllen, salzen, kurz ziehen lassen und kräftig ausdrücken, sodass möglichst viel Flüssigkeit abfließt.
2. Mandeln und Leinsamen in den Mixtopf geben und auf Stufe 8 für 8 Sekunden zerkleinern, Weizenkleie, Mehl, Backpulver und Salz zufügen und alles auf Stufe 2 für 20 Sekunden verrühren. Quark und Eiweiß zufügen und mit der Knetfunktion für 4 Minuten zu einem glatten Teig verkneten. Zucchini zufügen und weitere 2 Minuten kneten.
3. Eine Kastenform mit Wasser ausstreichen und

mit der restlichen Weizenkleie ausstreuen. Den Boden mit Backpapier auslegen. Den Teig in die Form füllen und mit Kürbiskernen bestreuen.

4. Im vorgeheizten Backofen bei 175 Grad für 50 Minuten backen. Anschließend für 15 Minuten in der Form ruhen lassen und erst dann vorsichtig stürzen und auskühlen lassen.

Aufstriche - herzhaft und süß

Räucherlachsaufstrich

Kcal 210 **Eiweiß** 9 g **Fett** 18 g **Kohlenhydrate** 2 g pro Portion
12 Portionen

Zutaten
500 g Räucherlachs
500 g Crème fraîche
1 Zitrone
3 Stiele Dill
Pfeffer, Süßstoff

Zubereitung
Lachs in den Mixtopf geben und auf Stufe 8 für 7 Sekunden zerkleinern. Crème fraîche zufügen und auf Stufe 10 für 5 Sekunden pürieren. Zitronensaft auspressen und zugeben. Dill waschen, grob hacken und ebenfalls in den Mixtopf geben. Pfeffer und Süßstoff zugeben und auf Stufe 10 für weitere 4 Sekunden pürieren.

Tahina-Aufstrich

Kcal 190 **Eiweiß** 7 g **Fett** 16 g **Kohlenhydrate** 3 g pro Portion
12 Portionen

Zutaten

250 g Tahina-Paste
4 Knoblauchzehen
1 Limette
1 Chilischote
2 Stiele Minze
Salz

Zubereitung

Knoblauch schälen und in den Mixtopf geben. Limette auspressen, Saft und Tahina in den Mixtopf geben und alles auf Stufe 10 für 5 Sekunden pürieren. Minze waschen, Blätter abzupfen, übereinander legen und mit einem scharfen Messer in feine Streifen schneiden. Chilischote in feine Ringe schneiden. Beides in den Mixtopf geben, salzen und auf Stufe 2/Linkslauf für 6 Sekunden verrühren. Abschmecken und gegebenenfalls nachwürzen.

Schnittlauch-Chili-Aufstrich

Kcal 270 **Eiweiß** 3 g **Fett** 26 g **Kohlenhydrate** 4 g pro Portion
8 Portionen

Zutaten

500 g Crème fraîche
300 g saure Sahne
1 Bund Schnittlauch
2 grüne Chilischoten
½ Limette
1 Knoblauchzehe
Salz, weißer Pfeffer

Zubereitung

1. Schnittlauch waschen und in feine Röllchen schneiden. Knoblauch schälen. Saft der Limette auspressen. Chilischoten, Knoblauchzehe, Limettensaft und die Hälfte der Crème fraîche in den Mixtopf füllen und auf Stufe 8 für 5 Sekunden pürieren. Restliche Crème fraîche, saure Sahne, Schnittlauchröllchen und Gewürze zufügen und auf Stufe 3 für 8 Sekunden verrühren.
2. Wer es nicht so scharf mag, halbiert die Chili vor dem Verarbeiten und entfernt die Kerne.

Erdnussaufstrich mit getrockneten Tomaten

Kcal 180 **Eiweiß** 4 g **Fett** 15 g **Kohlenhydrate** 5 g pro Portion
14 Portionen

Zutaten

50 g stückige Erdnusscreme
1 Zitrone
2 Knoblauchzehen
2 EL Erdnussöl
8 EL Sojasoße
2 Gläser getrocknete Tomaten in Öl (je ca. 350 ml Füllgewicht)
500 g Schmand
4 EL Erdnusskerne
3 Stiele Oregano
Salz, Pfeffer, Paprikapulver, Süßstoff

Zubereitung

1. Knoblauch schälen. Saft der Zitrone auspressen. Tomaten in ein Sieb gießen und abtropfen lassen. Oregano waschen, Blättchen abzupfen.
2. Tomaten und Oreganoblätter in den Mixtopf geben und auf Stufe 6 für 4 Sekunden zerkleinern. Umfüllen.
3. Knoblauch in den Mixtopf geben und auf Stufe 6 für 4 Sekunden zerkleinern. Öl zugeben und bei 100 Grad für 1 Minute dünsten. Erdnusscreme zufügen und darin auf Stufe 2/Linkslauf schmelzen lassen. 600 ml Wasser zufügen und so lange auf Stufe 2 weiterrühren lassen, bis eine geschmeidige Konsistenz entsteht.

Zitronensaft, Sojasoße, Süßstoff, getrocknete Tomaten und Schmand zufügen und auf Stufe 2 für 40 Sekunden verrühren.

4. Gewürze und Erdnusskerne zufügen, 10 weitere Sekunden verrühren, anschließend umfüllen und abkühlen lassen.

Tofu-Aufstrich

Kcal 260 **Eiweiß** 17 g **Fett** 17 g **Kohlenhydrate** 7 g pro Portion
8 Portionen

Zutaten

2 rote Paprika
300 g Ajvar
800 g Tofu
2 Zitronen
400 g Schafskäse
Salz, Pfeffer, Paprika, Cayennepfeffer
½ Bund Petersilie

Zubereitung

1. Petersilie waschen, in den Mixtopf geben und auf Stufe 7 für 5 Sekunden zerkleinern. Umfüllen.
2. Paprika waschen, halbieren, entkernen und die weißen Häute entfernen. In den Mixtopf geben und auf Stufe 6 für 5 Sekunden zerkleinern. Hälfte der Paprika umfüllen, andere Hälfte im Mixtopf lassen. Tofu und Ajvar in den Mixtopf geben und auf Stufe 10 für 5 Sekunden pürieren. Gewürze und Zitronensaft zufügen und auf Stufe 2 für 5 Sekunden verrühren.
3. Paprikawürfel wieder in den Mixtopf geben, Fetakäse mit den Fingern etwas zerbröseln und ebenfalls in den Mixtopf füllen. Alles auf Stufe 2/Linkslauf für 10 Sekunden verrühren. Petersilie zufügen und auf Stufe 2 für weitere 5 Sekunden/Linkslauf verrühren.

Orientalischer Möhrenaufstrich

Kcal 110 **Eiweiß** 3 g **Fett** 8 g **Kohlenhydrate** 7 g pro Portion
12 Portionen

Zutaten
1500 g Möhren
500 g türkischer Joghurt
4 EL Olivenöl
Kreuzkümmel, Zimt, Kardamom, Salz
2 Stiele Minze

Zubereitung
1. Möhren schälen, grob zerkleinern und in den Mixtopf geben. Auf Stufe 8 für 10 Sekunden portionsweise zerkleinern. Umfüllen, Öl in den Mixtopf geben, auf 100 Grad erhitzen, Möhren wieder zufügen und alles bei 100 Grad/Stufe 2/Linkslauf für 20 Minuten garen. Ausreichend abkühlen lassen.
2. Minze waschen, Blätter abzupfen und mit einem scharfen Messer in feine Streifen schneiden. Joghurt und Gewürze zu den Möhren geben und auf Stufe 10 für 8 Sekunden pürieren. Minzestreifen zufügen und auf Stufe 2/Linkslauf für 5 Sekunden verrühren.

Bratapfelaufstrich

Kcal 230 **Eiweiß** 6 g **Fett** 16 g **Kohlenhydrate** 15 g pro Portion
8 Portionen

Zutaten
2 Äpfel
30 g Rosinen
400 g Frischkäse
Zimt
½ Zitrone

Zubereitung
1. Apfel waschen, vierteln und entkernen. In den Mixtopf geben und auf Stufe 6 für 5 Sekunden zerkleinern. 200 ml Wasser, Rosinen, Zimt und Zitronensaft zufügen, alles auf 100 Grad erhitzen und bei Stufe 2/Linkslauf so lange köcheln lassen, bis die Flüssigkeit verkocht ist. Abkühlen lassen.
2. Frischkäse zur kalten Apfelmischung in den Mixtopf geben und auf Stufe 3 für 8 Sekunden verrühren. Anschließend kalt stellen.

Röstpaprika-Tahina-Aufstrich

Kcal 70 **Eiweiß** 2 g **Fett** 4 g **Kohlenhydrate** 5 g pro Portion
16 Portionen

Zutaten

4 Gläser eingelegte Röstpaprika (Gläser zu je ca. 350 ml)
4 EL Sesam
100 g Tahina-Paste
½ Zitrone
Salz, Pfeffer
2 Stiele Thymian

Zubereitung

1. Thymian waschen, trocknen und Blättchen abzupfen. Saft der Zitrone auspressen. Paprika in ein Sieb gießen und abtropfen lassen.
2. Paprika und Tahina-Paste in den Mixtopf geben und auf Stufe 10 für 6 Sekunden pürieren. Sesam, Thymianblättchen, Salz, Pfeffer und Zitronensaft zufügen und auf Stufe 3 für 4 Sekunden verrühren.

Pikanter Feigenaufstrich

Kcal 57 **Eiweiß** 1 g **Fett** 1 g **Kohlenhydrate** 11 g pro Portion
16 Portionen

Zutaten

250 g getrocknete Feigen
½ Chilischote
1 EL Pinienkerne
8 EL Portwein
8 EL Orangensaft
3 EL Johannisbeerkonfitüre
5 TL Balsamicoessig
Süßstoff, Zimt

Zubereitung

1. Feigen und Chili in den Mixtopf geben und auf Stufe 6 für 5 Sekunden zerkleinern. Umfüllen.
2. Pinienkerne in den Mixtopf geben und bei 100 Grad/Stufe 1/Linkslauf für 90 Sekunden rösten. Umfüllen.
3. Zucker in den Mixtopf geben und bei 100 Grad/Stufe 1 für etwa 30 Sekunden schmelzen lassen, Portwein und Orangensaft zufügen und weitere 5 Minuten einkochen lassen. Feigen, Chili, Konfitüre zufügen und bei 80 Grad/Stufe 1 ca. 15 Minuten köcheln lassen, bis die Flüssigkeit fast aufgebraucht ist.
4. Anschließend die Masse auf Stufe 10 für 5 Sekunden pürieren und noch einmal bei 100 Grad auf Stufe 1 für 20 Sekunden kochen. Essig und Pinienkerne zugeben, weitere 10 Sekunden

köcheln und danach sofort in ein Glas umfüllen und direkt verschließen. Vollständig abkühlen lassen.

Avocado-Limetten-Dip

Kcal 260 **Eiweiß** 3 g **Fett** 27 g **Kohlenhydrate** 1 g pro Portion
8 Portionen

Zutaten

4 reife Avocados
2 Limetten
100 g Joghurt
Salz, Pfeffer
½ Bund Zitronenverbene oder Minze

Zubereitung

1. Limetten waschen, gründlich trocknen, anschließend von beiden Limetten die Schale fein abreiben und den Saft einer Limette auspressen. Kräuter waschen, gut trocknen, Blätter abzupfen und in feine Streifen schneiden.
2. Avocado halbieren, Kern entfernen und das Fruchtfleisch aus der Schale lösen. Avocadofleisch, Limettensaft, Limettenschale und Joghurt in den Mixtopf geben, Salz und Pfeffer zufügen und alles auf Stufe 8 für 7 Sekunden pürieren. Kräuter zufügen und auf Stufe 2 für 4 Sekunden verrühren.

Smoothies

Grapefruit-Möhren-Smoothie

Kcal 35 **Eiweiß** 0 g **Fett** 0 g **Kohlenhydrate** 6 g pro Portion
4 Portionen

Zutaten
1000 g Möhren
5 rosa Grapefruits
2 Stiele Minze
2 Handvoll Eiswürfel

Zubereitung

1. Möhren schälen und putzen. Grapefruits halbieren und Saft auspressen. Minze waschen und die Blätter abzupfen.
2. Hälfte der Möhren in einen Entsafter geben und Möhrensaft auspressen. Restliche Möhren, Grapefruitsaft, frisch gepressten Möhrensaft, Eiswürfel und Minze in den Mixtopf geben und auf Stufe 10 für 10 Sekunden pürieren. Wenn die Masse zu dickflüssig ist, Wasser nachfüllen.

Ananas-Rettich-Smoothie

Kcal 48 **Eiweiß** 0 g **Fett** 0 g **Kohlenhydrate** 10 g pro Portion
8 Portionen

Zutaten

600 g Ananas
400 ml Mineralwasser
300 g Rettich
1 Spritzer Sojasoße
2 Handvoll Eiswürfel

Zubereitung

1. Ananas schälen, putzen und grob zerkleinern. Zusammen mit der Hälfte des Mineralwassers und den Eiswürfeln in den Mixtopf geben und auf Stufe 10 für 10 Sekunden pürieren. Umfüllen.
2. Rettich mit dem restlichen Mineralwasser in den Mixtopf geben, auf Stufe 10 für 8 Sekunden pürieren und anschließend in einem feinen Sieb abtropfen lassen.
3. Ananassaft und Rettichpüree in den Mixtopf geben und auf Stufe 1 für 4 Sekunden verrühren, dabei etwas Sojasoße einfließen lassen.

Zitrus-Avocado-Smoothie

Kcal 148 **Eiweiß** 2 g **Fett** 8 g **Kohlenhydrate** 15 g pro Portion
2 Portionen

Zutaten
100 g Ananas
2 Orangen
½ Avocado
¼ Zitrone
2 Stiele Zitronenmelisse
1 Stiel Zitronenthymian
Eiswürfel

Zubereitung
1. Ananas schälen und grob würfeln. Orangen heiß waschen, trocken reiben, von einer Orange die Schale abreiben, von beiden den Saft auspressen. Avocado halbieren, entkernen, von einer Hälfte das Fruchtfleisch ausschaben. Zitrone auspressen. Kräuter waschen, Blätter abzupfen.
2. Alle vorbereiteten Zutaten mit einer Handvoll Eiswürfel in den Mixtopf geben und auf Stufe 10 für 8 Sekunden zu einem Smoothie verarbeiten.

Kokos-Smoothie mit Wirsing

Kcal 150 **Eiweiß** 2 g **Fett** 9 g **Kohlenhydrate** 14 g pro Portion
2 Portionen

Zutaten

100 ml fettreduzierte Kokosmilch
5 Blätter Wirsing
1 Orange
¼ Limette
20 g Banane
2 Stiele Koriander
Eiswürfel

Zubereitung

1. Wirsing waschen, putzen und grob zerkleinern. Orange und Limette auspressen. Banane schälen. Koriander waschen und die Blätter abzupfen.
2. Kokosmilch mit allen vorbereiteten Zutaten und einer Handvoll Eiswürfel in den Mixtopf geben und auf Stufe 10 für 8 Sekunden zu einem Smoothie verarbeiten.

Kokos-Smoothie mit Möhren

Kcal 320 **Eiweiß** 6 g **Fett** 26 g **Kohlenhydrate** 15 g pro Portion
2 Portionen

Zutaten
60 g Kokosraspel
400 ml Karottensaft
40 ml Kokosmilch
60 g Vollmilchjoghurt
½ rote Chilischote
1 Stiel Koriander
Eiswürfel

Zubereitung
1. Kokosraspel in den Mixtopf geben und ohne Fett bei 100 Grad/Stufe 2/Linkslauf für 30 Sekunden rösten. Umfüllen und abkühlen lassen.
2. Koriander waschen, Blätter abzupfen. Chilischote, Karottensaft, Kokosmilch und Joghurt in den Mixtopf geben, eine Handvoll Eiswürfel zufügen und alles auf Stufe 10 für 8 Sekunden zu einem Smoothie verarbeiten.
3. In zwei Gläser füllen und mit Korianderblättern und Kokosraspeln garnieren.

Ananas-Smoothie mit Sellerie

Kcal 114 **Eiweiß** 4 g **Fett** 1 g **Kohlenhydrate** 15 g pro Portion
2 Portionen

Zutaten

⅓ Ananas
1 kleiner Pfirsich
300 ml Wasser
2 Stangen Sellerie
20 g Ingwer
Süßstoff
Eiswürfel

Zubereitung

1. Ananas schälen und grob zerkleinern. Pfirsich waschen, halbieren und entkernen. Sellerie waschen, putzen und grob zerkleinern. Ingwer schälen.
2. Alle vorbereiteten Zutaten mit dem Wasser und etwas Süßstoff in den Mixtopf geben. Eine Handvoll Eiswürfel zufügen und alles auf Stufe 10 für 8 Sekunden zu einem Smoothie verarbeiten.

Exotischer Smoothie mit Spinat

Kcal 104 **Eiweiß** 4 g **Fett** 1 g **Kohlenhydrate** 15 g pro Portion
2 Portionen

Zutaten
2 Handvoll Babyspinat
150 ml Kokoswasser
½ Salatgurke
½ Banane
1 Kiwi
Eiswürfel

Zubereitung
1. Babyspinat waschen und abtropfen lassen. Gurke waschen. Banane schälen. Kiwi schälen und vierteln.
2. Alle vorbereiteten Zutaten mit dem Kokoswasser in den Mixtopf geben und auf Stufe 10 für 8 Sekunden zu einem Smoothie verarbeiten. Eiswürfel in zwei Gläser füllen und Smoothie einfüllen.

Exotischer Smoothie mit Rucola

Kcal 110 **Eiweiß** 1,5 g **Fett** 2,5 g **Kohlenhydrate** 15 g pro Portion
2 Portionen

Zutaten

30 g Rucola
1 Kiwi
½ kleine Banane
150 ml frisch gepresster Orangensaft
5 EL Wasser
1 TL Macadamia-Nussöl
½ Limette
1 Stiel Koriander
Eiswürfel

Zubereitung

1. Rucola waschen. Kiwi schälen und halbieren. Banane schälen. Limette auspressen. Koriander waschen und Blätter abzupfen.
2. Rucola, Kiwi, Banane, Orangensaft, Wasser, Öl, Limettensaft und eine Handvoll Eiswürfel in den Mixtopf geben und auf Stufe 10 für 8 Sekunden zu einem Smoothie verarbeiten. In zwei Gläser füllen und mit Korianderblättern garnieren.

Radieschen-Kiwi-Smoothie

Kcal 60 **Eiweiß** 1 g **Fett** 0 g **Kohlenhydrate** 10 g pro Portion
2 Portionen

Zutaten

20 g Radieschenblätter
50 g Radieschen
2 Kiwi
1 Limette
100 ml Orangensaft
150 ml Wasser
2 Stiele Zitronenmelisse
1 Stiel Basilikum

Zubereitung

1. Radieschenblätter gründlich waschen und trocknen. Radieschen waschen und putzen. Kiwi schälen. Limette auspressen. Kräuter waschen und Blätter abzupfen.
2. Alle vorbereiteten Zutaten mit dem Wasser und dem Orangensaft in den Mixtopf geben und auf Stufe 10 für 8 Sekunden zu einem Smoothie verarbeiten.

Frühlings-Smoothie

Kcal 60 **Eiweiß** 1 g **Fett** 0 g **Kohlenhydrate** 10 g pro Portion
2 Portionen

Zutaten

20 g Löwenzahnblätter
50 g Radieschen
1 Kiwi
1 Pfirsich
1 Zitrone
100 ml Orangensaft
150 ml Wasser
2 Löwenzahnblüten

Zubereitung

1. Löwenzahnblätter gründlich waschen. Radieschen waschen und putzen. Kiwi schälen. Pfirsich waschen, halbieren und entkernen. Zitrone heiß waschen, gut trocknen und ca. die Hälfte der Schale abreiben. Saft der Zitrone auspressen.
2. Löwenzahnblätter, Radieschen, Kiwi, Pfirsich, Zitronenschale, Zitronensaft, Orangensaft und Wasser in den Mixtopf geben und auf Stufe 10 für 8 Sekunden zu einem Smoothie verarbeiten. In zwei Gläser füllen und mit Löwenzahnblüten dekorieren.

Salate

Salat mit gegrillten Tomaten und Pfirsichen

Kcal 288 **Eiweiß** 9 g **Fett** 19 g **Kohlenhydrate** 15 g pro Portion
2 Portionen

Zutaten

750 g gemischte Tomaten
1 kleiner Pfirsich
1 rote Chilischote
1 Knoblauchzehe
4 EL Olivenöl
6 EL Balsamicoessig
25 g Parmesan
45 g Tiroler Schinken
Salz, Pfeffer
3 Stiele Basilikum
1 Stiel Oregano

Zubereitung

1. Parmesan in den Mixtopf geben und auf Stufe 8 für 5 Sekunden zerkleinern. Umfüllen.
2. Tomaten waschen, putzen und in mundgerechte Stücke schneiden. Pfirsich waschen, halbieren und entkernen. Fruchtfleisch in dünne Spalten schneiden.
3. 1 EL Öl in den Mixtopf geben und auf 100 Grad erhitzen. Tomaten zufügen und bei 100 Grad/Stufe 1/Linkslauf für 1 Minute braten. Umfüllen. 1 EL Öl in den Mixtopf geben, auf 100

Grad einstellen, Pfirsiche zufügen und bei 100 Grad/Stufe 1/Linkslauf für 1 Minute braten. Umfüllen.

4. Knoblauch schälen. Kräuter waschen, trocknen und Blätter abzupfen. Essig, Salz, Pfeffer, Kräuter, Chili, Knoblauch und restliches Öl in den Mixtopf geben und auf Stufe 8 für 5 Sekunden zu einem Dressing verarbeiten.
5. Tomaten und Pfirsiche auf zwei Tellern anrichten, Dressing gleichmäßig darüberträufeln, Parmesan darüberstreuen. Mit Schinken anrichten und servieren.

Eiersalat mit Shrimps

Kcal 300 **Eiweiß** 9 g **Fett** 26 g **Kohlenhydrate** 6 g pro Portion
2 Portionen

Zutaten

2 Eier
4 EL Mayonnaise
6 EL Vollmilchjoghurt
100 g Römersalat
1 Knoblauchzehe
½ Packung Shrimps (küchenfertig)
Salz, Pfeffer, Süßstoff
½ Bund Schnittlauch

Zubereitung

1. Eier in kochendes Wasser geben und ca. 9 Minuten garen, anschließend abschrecken und pellen.
2. Schnittlauch waschen und mit einer Schere in dünne Röllchen schneiden.
3. Knoblauch schälen. Mit Mayonnaise und Joghurt in den Mixtopf geben, Salz, Pfeffer, Süßstoff zufügen und auf Stufe 8 für 5 Sekunden mixen. Eier grob hacken.
4. Eier, Schnittlauch und Shrimps in den Mixtopf geben und auf Stufe 1/Linkslauf für 5 Sekunden vermengen. Abschmecken und gegebenenfalls nachwürzen.
5. Salat waschen, trocknen, in mundgerechte Stücke zupfen und auf zwei Tellern verteilen. Eiersalat darauf anrichten.

Salat mit würzigen Hühnerbruststreifen

Kcal 310 **Eiweiß** 30 g **Fett** 17 g **Kohlenhydrate** 5 g pro Portion
2 Portionen

Zutaten

200 g Hühnerbrustfilet
25 g Parmesan
1 Chilischote
1 EL Sojasoße
½ rote Zwiebel
100 g Cocktailtomaten
50 g Rucola
100 g Römersalat
50 g Radicchiosalat
2 EL Balsamicoessig
3 EL Olivenöl
Salz, Pfeffer, Chilipowder, Cayennepfeffer
2 Stiele Basilikum
1 Stiel Petersilie

Zubereitung

1. Hühnerbrustfilet waschen, trocken tupfen und in ca. 1 cm große Stücke schneiden. Chilischote in Ringe schneiden und in einer Schüssel mit Sojasoße, Cayennepfeffer und Chilipowder mischen. Hühnerfiletstreifen dazugeben und marinieren lassen.
2. Salate waschen, putzen, trocknen und in mundgerechte Stücke schneiden. Tomaten waschen und halbieren. Zwiebel schälen und in feine Streifen schneiden.

3. Parmesan in den Mixtopf geben und auf Stufe 8 für 5 Sekunden zerkleinern. Umfüllen.
4. Fleisch aus der Marinade nehmen. 1 EL Öl in den Mixtopf geben und auf 100 Grad erhitzen. Fleisch zufügen und bei 100 Grad/Stufe 2/Linkslauf für 6 Minuten braten. Umfüllen.
5. Kräuter waschen, trocknen und Blätter abzupfen. Kräuter mit Essig, Salz, Pfeffer und restlichem Öl in den Mixtopf geben und auf Stufe 8 für 4 Sekunden zu einem Dressing verarbeiten.
6. Alle Zutaten auf zwei Tellern anrichten und servieren.

Salat mit roter Bete und Meerrettich-Klößchen

Kcal 270 **Eiweiß** 6 g **Fett** 22 g **Kohlenhydrate** 12 g pro Portion
2 Portionen

Zutaten

40 g Friséesalat
40 g Feldsalat
½ rote Zwiebel
300 g rote Bete-Knollen
1 TL geriebener Meerrettich
100 g fettfreier Frischkäse
2 EL Rapsöl
½ Zitrone
Salz, Pfeffer, Süßstoff
2 Stiele Dille

Zubereitung

1. Rote Bete waschen und in kochendem Wasser ca. 40 Minuten garen. Zwischenzeitlich die Salate waschen, putzen, trocknen und in mundgerechte Stücke zupfen. Zitrone auspressen.
2. Zwiebel schälen und im Mixtopf auf Stufe 8 für 4 Sekunden zerkleinern. Öl, Zitronensaft, Salz, Pfeffer, Süßstoff zufügen und auf Stufe 5 für 4 Sekunden vermischen. Umfüllen.
3. Dill waschen, trocknen, harte Enden abschneiden und in den Mixtopf geben. Meerrettich und Frischkäse ebenfalls in den Mixtopf geben und auf Stufe 6 für 4 Sekunden mixen.

4. Rote Bete abgießen, kalt abschrecken und in Scheiben schneiden. Salat mit dem Dressing auf Tellern anrichten. Rote Bete darüber verteilen. Mit 2 Esslöffeln aus der Frischkäsemasse kleine Klöße abstechen und auf dem Salat verteilen.

Bunter Salat mit pochiertem Ei

Kcal 380 **Eiweiß** 19 g **Fett** 31 g **Kohlenhydrate** 6 g pro Portion
2 Portionen

Zutaten

100 g Römersalat
2 Eier
100 g Flusskrebsfleisch
½ Avocado
125 g Cocktailtomaten
½ rote Zwiebel
1 Knoblauchzehe
2 EL Rapsöl
4 EL Weißweinessig
Salz, Pfeffer, Süßstoff
2 Stiele Dill

Zubereitung

1. Für die Eier 1 Liter Wasser in einem schmalen, hohen Topf aufkochen und 2 EL Essig zufügen.
2. Währenddessen für das Dressing Zwiebel und Knoblauch schälen und in den Mixtopf geben. 2 EL Essig, Salz, Pfeffer, Süßstoff und Öl zufügen und alles auf Stufe 8 für 5 Sekunden mixen.
3. Tomaten waschen und halbieren. Avocado

halbieren, entkernen, Fruchtfleisch aus der Schale lösen und in Würfel schneiden. Flusskrebse waschen und trocknen. Alles in den Mixtopf zum Dressing geben und auf Stufe 1/Linkslauf für 10 Sekunden vermengen.

4. Wenn das Wasser kocht, die Eier in einer Tasse vorsichtig aufschlagen und einzeln in das siedende Wasser gleiten lassen. Für 3 Minuten garen, dabei das Eiweiß mit einem Esslöffel vorsichtig an das Eigelb drücken.
5. Salat waschen, trocknen, in mundgerechte Stücke zupfen und auf Tellern anrichten. Flusskrebs-Avocado-Mischung darauf verteilen und die pochierten Eier darauf anrichten.

Superfood-Salat

Kcal 520 **Eiweiß** 13 g **Fett** 47 g **Kohlenhydrate** 12 g pro Portion
2 Portionen

Zutaten

250 g Brokkoli
125 g Champignons
200 g Möhren
1 Avocado
½ Granatapfel
½ Limette
3 EL Olivenöl
50 g Leinsamen
Salz, Pfeffer, Süßstoff
½ Bund Koriander

Zubereitung

1. Brokkoli putzen, waschen, in Röschen teilen, Stiel in dünne Scheiben schneiden und alles in kochendem Salzwasser für 8 Minuten garen. Abgießen und kalt abschrecken.
2. Granatapfel vierteln, Kerne herauslösen. Champignons waschen. Möhren schälen. Beides in den Mixtopf geben und auf Stufe 7 für 5 Sekunden zerkleinern. Umfüllen.
3. Avocado halbieren, Stein auslösen und Fruchtfleisch mit einem Löffel von der Schale lösen. In kleine Würfel schneiden.
4. Limette auspressen und mit Süßstoff, Salz, Pfeffer und Öl in den Mixtopf geben. Koriander waschen, trocknen, Blätter abzupfen und die

Hälfte der Blätter in den Mixtopf geben. Zutaten im Mixtopf auf Stufe 8 für 4 Sekunden mixen und zu einem Dressing verarbeiten. Möhren-Champignon-Mischung in den Mixtopf geben und auf Stufe 2/Linkslauf für 3 Sekunden vermengen. Granatapfelkerne und Brokkoliröschen zufügen und nochmals für 3 Sekunden vermengen.

5. Alle Zutaten in zwei Salatschüsseln geben und mit Leinsamen und restlichen Korianderblättern anrichten.

Fleischwurst-Salat mit Weißkohl

Kcal 510 **Eiweiß** 22 g **Fett** 41 g **Kohlenhydrate** 14 g pro Portion
2 Portionen

Zutaten

20 g Walnüsse
20 g Rosinen
100 g Munster-Käse
125 g Fleischwurst
250 g Weißkohl
1 TL süßer Senf
1 EL Apfelessig
1 EL Walnussöl
Salz, Pfeffer, Süßstoff
2 Stiele Petersilie

Zubereitung

1. Weißkohl putzen, waschen und in den Mixtopf geben. Auf Stufe 7 für 10 Sekunden zerkleinern.

Senf, Süßstoff, Essig, Öl, Salz, Pfeffer zufügen und auf Stufe 3/Linkslauf für 10 Sekunden vermengen. Im Kühlschrank für ca. 1 Stunde marinieren lassen.

2. Wurst in dünne Scheiben schneiden. Käse in den Mixtopf geben und auf Stufe 8 für 4 Sekunden zerkleinern. Wurst, Käse, Nüsse, Rosinen in den Mixtopf geben, Weißkohl zufügen, salzen, pfeffern und auf Stufe 1/Linkslauf für 10 Sekunden gründlich vermengen.
3. Petersilie waschen, trocknen, Blätter abzupfen. Salat in zwei Schüsseln anrichten und mit Petersilie garnieren.

Würziger Weißkohlsalat mit Makrele

Kcal 310 **Eiweiß** 12 g **Fett** 26 g **Kohlenhydrate** 7 g pro Portion
2 Portionen

Zutaten

150 g Weißkohl
100 g Knollensellerie
125 g geräucherte Makrelenfilets in Öl aus der Dose
1 Gewürzgurke
1 Schalotte
3 EL Sahne
2 EL Weißweinessig
1 TL Dijonsenf
Salz, Pfeffer, Currypulver
½ Bund Schnittlauch

Zubereitung

1. Kohl waschen, grob zerkleinern und im Mixtopf auf Stufe 8 für 10 Sekunden zerkleinern. Umfüllen. Sellerie schälen, vierteln und im Mixtopf auf Stufe 8 für 5 Sekunden zerkleinern. Umfüllen.
2. Schalotte schälen und mit der Gewürzgurke in den Mixtopf geben und auf Stufe 7 für 5 Sekunden zerkleinern. Sahne, Essig, Senf, Curry, Salz und Pfeffer zufügen und alles auf Stufe 8 für 5 Sekunden vermengen.
3. Kohl und Sellerie in den Mixtopf geben und mit dem Dressing auf Stufe 3/Linkslauf für 5 Sekunden vermengen. In eine Schüssel geben und für 30 Minuten im Kühlschrank ziehen

lassen.

4. Schnittlauch waschen, trocknen und mit einer Schere in feine Röllchen schneiden. Makrelenfilets abtropfen lassen und in mundgerechte Stücke zupfen. Beides in den Mixtopf geben, Weißkohlsalat zufügen und alles auf Stufe 3/Linkslauf für 10 Sekunden gründlich vermengen.

Italienische Salatschüssel

Kcal 280 **Eiweiß** 15 g **Fett** 22 g **Kohlenhydrate** 5 g pro Portion
2 Portionen

Zutaten

25 g Bresaola-Schinken
65 g Büffelmozzarella
50 g Rucola
1 rote Paprika
1 Zucchini
1 Knoblauchzehe
2 EL Olivenöl
4 EL Balsamicoessig
Salz, Pfeffer
2 Zweige Rosmarin
1 Stiel Basilikum

Zubereitung

1. Paprika waschen, halbieren, putzen und in feine Streifen schneiden. Zucchini waschen, halbieren und in Scheiben schneiden. Knoblauch schälen. Rosmarin waschen und trocknen. Basilikum

waschen, trocknen und die Blätter abzupfen.

2. 1 EL Öl in den Mixtopf geben, Zucchini zufügen, Knoblauch dazupressen, Rosmarinzweige zufügen und alles bei 100 Grad/Stufe 2/Linkslauf für 3 Minuten braten. Salzen, pfeffern und mit 2 EL Essig ablöschen. Umfüllen.
3. 1 EL Öl in den Mixtopf geben, Paprika zufügen und bei 100 Grad/Stufe 2/Linkslauf für 3 Minuten braten. Umfüllen.
4. Rucola waschen, putzen, trocknen und in mundgerechte Stücke zupfen. Mozzarella abtropfen lassen, in kleine Würfel schneiden. Gebratenes Gemüse, Rucola, Mozzarella und Bresaola in 2 Schüsseln anrichten und mit Basilikumblättern garnieren.

Frühlingssalat mit Rinderfiletstreifen

Kcal 160 **Eiweiß** 19 g **Fett** 7 g **Kohlenhydrate** 3 g pro Portion
2 Portionen

Zutaten

150 g Rinderfilet
½ Kopf Römersalat
50 g Champignons
150 g Radieschen
3 Möhren
1 TL Rapsöl
75 g Vollmilchjoghurt
1 EL Mayonnaise
½ Zitrone
Salz, Pfeffer, Süßstoff

Zubereitung

1. Salat putzen, waschen, trocken schleudern und in mundgerechte Stücke zupfen. Radieschen und Pilze putzen, waschen. Möhre schälen. Radieschen, Pilze und Möhren in den Mixtopf geben und auf Stufe 5 für 8 Sekunden zerkleinern. Umfüllen.
2. Rinderfilet salzen, pfeffern und in mundgerechte Stücke schneiden. Öl in den Mixtopf geben, Rinderfilet zufügen und bei 100 Grad/Stufe 2/Linkslauf für 4 Minuten braten. Herausnehmen, in Alufolie wickeln und ruhen lassen.
3. Joghurt, Mayonnaise, Salz, Pfeffer, Süßstoff in den Mixtopf geben. Zitrone waschen, trocknen,

Schale abreiben, auspressen. Zitronenschale und Zitronensaft in den Mixtopf geben und alles auf Stufe 8 für 5 Sekunden zu einem Dressing vermengen.

4. Salat und Gemüse in den Mixtopf geben und auf Stufe 3/Linkslauf für 5 Sekunden vermengen. Auf Tellern anrichten und Rinderfilet darauf anrichten.

Fleischgerichte

Hähnchenfilet mit Tomaten

Kcal 240 **Eiweiß** 31 g **Fett** 6,5 g **Kohlenhydrate** 12 g pro Portion
2 Portionen

Zutaten

600 g Cocktailtomaten
250 g Hähnchenfilet
2 kleine rote Zwiebeln
2 Knoblauchzehen
1 rote Chilischote
1 EL Olivenöl
½ Zitrone
Salz, Pfeffer
3 Stiele Basilikum

Zubereitung

1. Tomaten und Hähnchenfilet waschen und trocknen. Tomaten vierteln. Zwiebeln und Knoblauch schälen und in den Mixtopf füllen. Chilischote zufügen und auf Stufe 5 für 4 Sekunden zerkleinern. Umfüllen. Hähnchen in Streifen schneiden und mit dem Öl in den Mixtopf geben. Bei 100 Grad/Stufe 1/Linkslauf für 3 Minuten braten. Zwiebeln, Knoblauch, Tomaten, Chili zugeben und 5 Minuten mitbraten.
2. Zitrone heiß waschen, trocknen, Schale abreiben und Saft auspressen. Basilikum waschen,

trocknen, Blätter abzupfen. Zitronenschale und Zitronensaft, Salz, Pfeffer und die Hälfte der Basilikumblätter in den Mixtopf geben und bei 80 Grad/Stufe 1/Linkslauf für 1 Minute mitgaren.
3. Abschmecken und mit den restlichen Basilikumblättern anrichten.

Überbackene Hähnchenpfanne

Kcal 540 **Eiweiß** 41 g **Fett** 37 g **Kohlenhydrate** 12 g pro Portion
2 Portionen

Zutaten
200 g Hähnchenfilet
250 g Rosenkohl
250 g Brokkoli
1 Zwiebel
75 g Pfifferlinge
50 g Emmentaler
30 g Speck
1 EL Paniermehl (z. B. Mandelmehl)
Salz, Pfeffer
3 Stiele Petersilie

Zubereitung
1. Rosenkohl und Brokkoli putzen, waschen und Brokkoli in Röschen teilen. Hähnchenfilet abspülen. Zwiebel schälen. Pfifferlinge gründlich waschen und putzen.
2. Rosenkohl und Brokkoli in den Varoma-Behälter

geben. Gesalzenes Wasser einwiegen. Varoma-Einlegeboden einsetzen. Hähnchen hineinlegen. Varoma verschließen und alles 15 Minuten/Varoma/Stufe 1 garen.

3. Varoma absetzen, Gemüse in ein Sieb gießen, Hähnchen in eine ofenfeste Form legen.
4. Zwiebel und Speck in den Mixtopf geben und auf Stufe 5 für 4 Sekunden zerkleinern. Öl zufügen und bei 100 Grad/Stufe 1/Linkslauf für 1 Minute braten. Pfifferlinge zugeben und 30 Sekunden mitbraten. Rosenkohl und Brokkoli zufügen und 20 Sekunden dünsten. Alles zum Hähnchen in die ofenfeste Form umfüllen. Mixtopf ausspülen, Käse hineingeben und auf Stufe 5 für 3 Sekunden zerkleinern. Paniermehl zufügen und auf Stufe 2 für 4 Sekunden vermengen. Mischung über das Hähnchen streuen.
5. Im vorgeheizten Backofen bei 225 Grad für ca. 10 Minuten überbacken, bis der Käse geschmolzen ist. Petersilie waschen, trocknen, Blätter abzupfen und Hähnchen damit garnieren.

Mit Spargel gefülltes Hähnchen

Kcal 330 **Eiweiß** 34,5 g **Fett** 22 g **Kohlenhydrate** 1 g pro Portion
2 Portionen

Zutaten

240 g Hähnchenfilet
60 g grüner Spargel
6 Scheiben Prosciutto cotto
3 EL Olivenöl
40 g Schmelzkäse
½ Römersalat
160 g Cocktailtomaten
2 EL Weißweinessig
Salz, Pfeffer
2 Stiele Basilikum

Zubereitung

1. Hähnchenfilet abspülen. Spargel waschen und putzen.
2. Spargel in den Varoma-Behälter geben. Gesalzenes Wasser einwiegen. Varoma-Einlegeboden einsetzen. Hähnchen hineinlegen. Varoma verschließen und alles 5 Minuten/Varoma/Stufe 1 garen.
3. Spargel in eine ofenfeste Form geben und 1 EL Öl zufügen. Hähnchen salzen und pfeffern, Prosciutto um das Hähnchen wickeln und Hähnchen in die Form legen. Käse auf das Hähnchen legen. Alles im vorgeheizten Backofen bei 180 Grad für ca. 10 Minuten überbacken.
4. In der Zwischenzeit Salat putzen, waschen und

in mundgerechte Stücke zupfen. Tomaten waschen und halbieren. Essig, Salz, Pfeffer und restliches Öl in den Mixtopf geben. Basilikum waschen, trocknen, Blätter abzupfen und in den Mixtopf geben. Alles auf Stufe 8 für 4 Sekunden zu einem Dressing mixen. Tomaten zufügen und auf Stufe 1/Linkslauf für 10 Sekunden vermengen.

5. Salat auf 2 Tellern anrichten, marinierte Tomaten darauf verteilen und mit Spargel und Hähnchen servieren.

Hähnchenpfanne mit Zucchini-Spinat-Gemüse

Kcal 240 **Eiweiß** 20 g **Fett** 15 g **Kohlenhydrate** 4 g pro Portion
2 Portionen

Zutaten

125 g Hähnchenfilet
50 g Blattspinat
200 g Zucchini
10 g Ingwer
1 EL Sojasoße
1 Chilischote
1 Knoblauchzehe
½ Limette
½ TL Meerrettich
2 EL Olivenöl
3 EL Erdnüsse
Salz, Pfeffer, Süßstoff

Zubereitung

1. Hähnchenfilet waschen, trocknen und in Streifen schneiden. Ingwer schälen. Ingwer, Sojasoße, Chilischote und Süßstoff in den Mixtopf geben und auf Stufe 8 für 3 Sekunden mixen. Hähnchenstreifen zufügen und auf Stufe 2/Linkslauf für 5 Sekunden vermengen. In eine Schüssel umfüllen und im Kühlschrank für 30 Minuten marinieren lassen.
2. Limette heiß waschen, trocknen, Schale abreiben und Saft auspressen. Knoblauch schälen. Knoblauch, Meerrettich, Limettenschale, Limettensaft, Salz, Pfeffer,

Süßstoff, 1 EL Wasser und 1 EL Olivenöl in den Mixtopf geben und auf Stufe 8 für 3 Sekunden mixen. Umfüllen.

3. Spinat gründlich waschen und verlesen. Zucchini putzen, waschen, trocknen und in Scheiben schneiden. Hähnchen aus der Marinade nehmen und trocken tupfen.
4. 1 TL Öl in den Mixtopf geben und Zucchinischeiben zufügen. Bei 100 Grad/Stufe 2/Linkslauf für 2 Minuten braten. Umfüllen. Restliches Öl in den Mixtopf geben, Hähnchen zufügen und bei 100 Grad/Stufe 2/Linkslauf für 4 Minuten braten. Hähnchen auf Tellern anrichten.
5. Zucchini mit Blattspinat und Dressing in den Mixtopf geben und auf Stufe 2/Linkslauf für 3 Sekunden vermengen. Auf den Tellern verteilen. Alles mit Erdnüssen bestreuen und servieren.

Asiatische Schweinefleischpfanne

Kcal 270 **Eiweiß** 37 g **Fett** 10 g **Kohlenhydrate** 6 g pro Portion
2 Portionen

Zutaten

300 g Schweineschnitzel
50 g Mungobohnensprossen
2 Schalotten
1 Knoblauchzehe
1 rote Chilischote
1 EL Cashewkerne
1 EL Erdnussöl
3 EL Sojasoße
1 TL Speisestärke
Salz, Pfeffer, Cayennepfeffer
2 Stiele Thai-Basilikum
2 Stiele Koriander

Zubereitung

1. Sprossen waschen und abtropfen lassen. Schalotten schälen. Knoblauch schälen. Schweinefleisch in kleine Würfel schneiden.
2. Cashewkerne in den Mixtopf geben und bei 100 Grad/Stufe 1 für 10 Sekunden rösten, umfüllen.
3. Schalotten, Knoblauch und Chilischote in den Mixtopf geben und auf Stufe 5 für 4 Sekunden zerkleinern. Umfüllen. Öl und Schweinefleisch in den Mixtopf geben und bei 100 Grad/Stufe 2/Linkslauf 5 Minuten braten. Schalotten, Knoblauch und Chili wieder zufügen und 30 Sekunden mitbraten. Sojasoße und 100 ml

Wasser zufügen und bei gleicher Einstellung 30 Sekunden köcheln lassen.
4. Stärke mit 2 EL Wasser verrühren und in den Mixtopf geben. Bei gleicher Einstellung 10 Sekunden köcheln lassen, bis die Soße eindickt.
5. Kräuter waschen, trocknen, Blätter abzupfen und mit den Sprossen in den Mixtopf geben. Kurz ziehen lassen und anrichten. Mit Cashewkernen bestreuen.

Schweinegeschnetzeltes mit Paprika

Kcal 240 **Eiweiß** 25 g **Fett** 12 g **Kohlenhydrate** 8 g pro Portion
2 Portionen

Zutaten
300 g Minutensteaks vom Schwein
1 rote Zwiebel
1 Knoblauchzehe
2 rote Paprikaschoten
2 EL Olivenöl
50 ml Gemüsebrühe
2 EL Crème fraîche
2 EL Pinienkerne
1 TL Parmesan
Salz, Pfeffer
5 Stiele Basilikum

Zubereitung
1. Basilikum waschen, trocknen und in den Mixtopf geben. Pinienkerne, 1 EL Olivenöl, Parmesan, Salz zufügen und auf Stufe 10 für 4

Sekunden mixen und zu einem Pesto verarbeiten. Umfüllen.

2. Fleisch in dünne Streifen schneiden. Zwiebel und Knoblauch schälen. Paprika waschen, halbieren, von den weißen Häuten befreien und Kerne ausspülen. Gemüse in den Mixtopf geben und auf Stufe 7 für 5 Sekunden zerkleinern. Umfüllen.
3. Restliches Öl in den Mixtopf geben, Fleisch zufügen und bei 100 Grad/Stufe 2/Linkslauf für 5 Minuten braten. Gemüse zufügen und 30 Sekunden mitbraten. Mit Gemüsebrühe ablöschen und bei 80 Grad/Stufe 1/Linkslauf für 8 Minuten schmoren. Mit Salz und Pfeffer würzen. Crème fraîche und Pesto zufügen und auf Stufe 2/Linkslauf für 5 Sekunden verrühren. Abschmecken und servieren.

Lammfilet in fruchtiger Marinade auf Salatbett

Kcal 350 **Eiweiß** 21 g **Fett** 26 g **Kohlenhydrate** 8 g pro Portion
2 Portionen

Zutaten

160 g Lammfilet
1 Orange
1 Knoblauchzehe
75 g Cocktailtomaten
100 g Feldsalat
150 g Römersalat
1 EL Olivenöl
2 EL Walnussöl
3 EL Walnüsse
Salz, Pfeffer, Süßstoff
1 Zweig Rosmarin

Zubereitung

1. Lammfilets waschen und trocken tupfen. Orange auspressen. Knoblauch schälen. Rosmarin waschen. Walnüsse und Knoblauch in den Mixtopf geben und auf Stufe 5 für 4 Sekunden zerkleinern. 1 TL Walnussöl zufügen, Rosmarin zugeben und bei 100 Grad/Stufe 1/Linkslauf für 1 Minute braten. Mit Orangensaft ablöschen und mit Salz, Pfeffer und Süßstoff abschmecken. Restliches Walnussöl zugeben, bei Stufe 2 für 3 Sekunden vermengen und umfüllen.
2. Lammfilets in Streifen schneiden und mit Olivenöl in den Mixtopf geben. Bei 100 Grad/Stufe 2/Linkslauf für 10 Minuten braten,

nach 8 Minuten Orangenmarinade zufügen.

3. In der Zwischenzeit Salat putzen, waschen und trocken schleudern. Tomaten waschen und vierteln. Salat auf Tellern anrichten und marinierte Lammfiletstreifen darauf anrichten.

Orientalische Lammpfanne

Kcal 280 **Eiweiß** 31 g **Fett** 8 g **Kohlenhydrate** 13 g pro Portion
2 Portionen

Zutaten

300 g Lammfilet
600 g Schmorgurken
1 rote Chilischote
1 kleine Zwiebel
1 EL Olivenöl
150 g Vollmilchjoghurt
1 TL Speisestärke
1 TL Sesam
½ Limette
1 Zitrone
Salz, Pfeffer, Kreuzkümmel
3 Stiele Minze

Zubereitung

1. Gurken waschen, schälen und halbieren. Fleisch waschen und in Streifen schneiden. Zwiebel schälen. Zwiebel in den Mixtopf geben und auf Stufe 5 für 4 Sekunden zerkleinern. Fleisch und Öl zufügen und bei 100 Grad/Stufe 2/Linkslauf für 4 Minuten braten. Mit Salz, Pfeffer und

Kreuzkümmel würzen und umfüllen.

2. Gurken und Chilischote in den Mixtopf geben und bei Stufe 5 für 7 Sekunden zerkleinern. Bei 100 Grad/Stufe 2/Linkslauf für 5 Minuten braten, mit 125 ml Wasser ablöschen, Sesam zufügen und alles bei gleicher Einstellung für weitere 5 Minuten köcheln.
3. Minze waschen, trocknen und Blätter abzupfen. Mit Joghurt und Stärke in den Mixtopf geben und weitere 2 Minuten bei 80 Grad/Stufe 2/Linkslauf köcheln. Fleisch zugeben und eine weitere Minute köcheln. Limette auspressen und Saft in den Mixtopf geben. Alles noch einmal abschmecken und nachwürzen. Auf zwei Tellern anrichten und mit Zitronenspalten garnieren.

Rinderfilet mit Pfifferlingen

Kcal 310 **Eiweiß** 16 g **Fett** 25 g **Kohlenhydrate** 2 g pro Portion
2 Portionen

Zutaten

125 g Rinderfilet
100 g Pfifferlinge
2 Schalotten
35 g Speck
2 EL Rapsöl
½ Zitrone
1 Knoblauchzehe
3 TL Balsamicoessig
Salz, Pfeffer
2 Stiele Petersilie
1 Stiel Thymian

Zubereitung

1. Pfifferlinge waschen und putzen. Schalotten und Knoblauch schälen. Kräuter waschen, trocknen und Blätter abzupfen. Rinderfilet in dünne Scheiben schneiden. Schalotten und Knoblauch im Mixtopf auf Stufe 5 für 4 Sekunden zerkleinern, umfüllen.
2. Speck in den Mixtopf geben, auf Stufe 5 für 3 Sekunden zerkleinern und anschließend bei 100 Grad/Stufe 1/Linkslauf 2 Minuten braten. 1 EL Öl und Pfifferlinge zufügen und bei 120 Grad/Stufe 1/Linkslauf für 2 Minuten braten. Schalotten, Knoblauch und Kräuter zufügen und für 20 Sekunden mitbraten. Mit Salz und Pfeffer

würzen. Essig zufügen und 10 Sekunden köcheln lassen. Umfüllen und abkühlen lassen.
3. Restliches Öl in den Mixtopf geben, Rinderfilet zufügen und bei 120 Grad/Stufe 1/Linkslauf für 20 Sekunden braten. Auf Teller geben, salzen und pfeffern und mit Pfifferlingen anrichten.

Rinder-Dattel-Carpaccio

Kcal 235 **Eiweiß** 16 g **Fett** 9 g **Kohlenhydrate** 15 g pro Portion
2 Portionen

Zutaten
200 g Rinderfilet
10 g Ingwer
½ Orange
1 TL Butterschmalz
3 TL Rapsöl
50 g Softdatteln
1 rote Zwiebel
Salz, Pfeffer, Süßstoff
3 Stiele Koriander

Zubereitung
1. Orange heiß waschen, trocknen und Schale abreiben. Anschließend Saft auspressen. Ingwer und Zwiebel schälen. Rinderfilet trocken tupfen und in Streifen schneiden. Mit Salz und Pfeffer würzen. Schalotten im Mixtopf bei Stufe 5 für 3 Sekunden zerkleinern.
2. Ingwer in den Mixtopf geben und auf Stufe 5 für 3 Sekunden zerkleinern. Butter und Rinderfilet

in den Mixtopf geben und bei 100 Grad/Stufe 2/Linkslauf für 3 Minuten braten. Orangenschale und 2 EL Orangensaft zufügen und für 30 Sekunden köcheln. In eine ofenfeste Form legen. Im heißen Ofen bei 125 Grad Umluft für 20 Minuten braten.

3. Restlichen Orangensaft, 1 TL ÖL und 1 EL Wasser zum Bratensud in den Mixtopf geben. Datteln zufügen und auf Stufe 5 für 4 Sekunden mixen. Mit Salz, Pfeffer und Süßstoff abschmecken und umfüllen.
4. Schalotten in den Mixtopf geben und bei 100 Grad/Stufe 2/Linkslauf für 2 Minuten braten. Umfüllen.
5. Koriander waschen, trocknen, Blätter abzupfen. Alles zusammen auf 2 Tellern anrichten.

Fischgerichte

Lachsfilet mit gebratenem Chicorée

Kcal 310 **Eiweiß** 27 g **Fett** 18 g **Kohlenhydrate** 9 g pro Portion
2 Portionen

Zutaten
250 g Lachsfilet
40 ml Gemüsebrühe
3 Kolben Chicorée
2 Knoblauchzehen
50 g fettarmer Naturjoghurt
20 ml Milch
½ Orange
½ Zitrone
Salz, Süßstoff
2 Stiele Petersilie

Zubereitung

1. Chicorée putzen, Strunk abschneiden. Orange schälen und Filets zwischen den Trennhäuten vorsichtig herausschneiden. Aus den Trennhäuten den Saft ausdrücken. Kräuter waschen, trocknen, Blätter abzupfen. Knoblauch schälen.
2. Joghurt, Orangensaft, Milch, Süßstoff, Knoblauch, Salz in den Mixtopf geben und auf Stufe 3 für 3 Sekunden mixen. Umfüllen. Gemüsebrühe in den Mixtopf geben. Varomabehälter aufsetzen und Chicorée

hineingeben. Varomaeinlegeboden mit Backpapier auslegen, Lachs hineinlegen und einsetzen. Varoma verschließen und alles 7 Minuten/Varoma/Stufe 1 dünsten.

3. Chicorée mit Soße und Orangenfilets vermischen, auf Tellern anrichten und mit Lachsfilet servieren. Mit Petersilienblättern garnieren.

Gemüsepfanne mit Lachsfilet

Kcal 500 **Eiweiß** 35 g **Fett** 35 g **Kohlenhydrate** 8 g pro Portion
2 Portionen

Zutaten

300 g Lachsfilet
1 rote Zwiebel
1 Zucchini
1 gelbe Möhre
1 Fenchelknolle
3 TL Sonnenblumenöl
½ Zitrone
50 g Frischkäse
1 TL Gemüsebrühe, instant
Salz, Pfeffer
2 Stiele Dill
2 Stiele Zitronenthymian

Zubereitung

1. Zwiebel schälen. Zucchini und Möhre schälen und putzen. Fenchel putzen, waschen, Fenchelgrün abschneiden. Gemüse in den

Mixtopf geben und auf Stufe 5 für 8 Sekunden zerkleinern. Gemüse in den Varomabehälter füllen. Varomaeinlegeboden mit Backpapier auslegen und Lachs darauflegen. Salzwasser in den Mixtopf einwiegen, Varomabehälter und Varomaboden einsetzen, alles verschließen und für 15 Minuten/Varoma/Stufe 1 dünsten.

2. Kräuter waschen, trocknen und Blätter und Nadeln abzupfen. Varoma absetzen. Wasser ausschütten. Öl in den Mixtopf geben und Gemüse darin bei 120 Grad/Stufe 2/Linkslauf für 1 Minute braten. Zitrone auspressen, Saft in den Mixtopf geben. Salzen und pfeffern.
3. 20 Sekunden weiterbraten, dann 150 ml Wasser, Frischkäse und Instant-Brühe zufügen. Bei 100 Grad/Stufe 1/Linkslauf für 2 Minuten garen. Mit Lachs servieren und mit Kräutern bestreuen.

Lachs mit asiatischem Spinatgemüse

Kcal 420 **Eiweiß** 33 g **Fett** 30 g **Kohlenhydrate** 5 g pro Portion
2 Portionen

Zutaten

250 g Lachsfilet
400 g Blattspinat
1 Zwiebel
2 Knoblauchzehen
10 g Ingwer
1 Chilischote
3 TL Erdnussöl
5 EL Sojasoße
1 EL Sesam
50 g Enoki-Pilze
1 EL Butter
Salz, Pfeffer

Zubereitung

1. Zwiebel, Knoblauch und Ingwer schälen und mit der Chilischote in den Mixtopf geben. Auf Stufe 5 für 4 Sekunden zerkleinern. 1 TL Öl zufügen und alles bei 100 Grad/Stufe 2/Linkslauf für 1 Minute braten. Mit dem Spinat in den Varomabehälter füllen, salzen und pfeffern.
2. Varomaeinlegeboden mit Backpapier auslegen, Lachsfilet darauflegen, Salzwasser in den Mixtopf füllen und Varoma verschließen. Alles für 7 Minuten/Varoma/Stufe 1 dünsten. Varoma absetzen.
3. Wasser aus dem Mixtopf ausleeren. Restliches

Öl in den Mixtopf geben. Pilze waschen, Wurzelstück abschneiden und in den Mixtopf geben. Bei 100 Grad/Stufe 1/Linkslauf für 20 Sekunden braten, Spinatgemüse und Sojasoße zufügen und bei gleicher Einstellung für 30 Sekunden braten.

4. Auf Tellern anrichten, Lachsfilet in Scheiben schneiden und ebenfalls auf die Teller geben. Sesam im Mixtopf bei 100 Grad/Stufe 1 für 10 Sekunden ohne Fett braten und über den Lachs streuen.

Thunfisch-Ricotta-Tortilla

Kcal 260 **Eiweiß** 16 g **Fett** 18 g **Kohlenhydrate** 8 g pro Portion
2 Portionen

Zutaten

70 g Thunfischfilet
1 EL Pinienkerne
1 Knoblauchzehe
15 g Oliven ohne Stein
15 g getrocknete Tomaten in Öl
10 g Parmesan
2 EL Paniermehl (aus dem Bioladen Alternativmehl, fast ohne KH)
2 Eier
120 g Ricotta
Salz, Pfeffer
1 Stiel Oregano
1 Stiel Thymian

Zubereitung

1. Parmesan und Paniermehl im Mixtopf auf Stufe 8 für 4 Sekunden zerkleinern und mischen, umfüllen. Knoblauch schälen. Kräuter waschen, trocknen und die Blätter abzupfen. Pinienkerne in den Mixtopf geben und ohne Fett bei 100 Grad/Stufe 1 für 3 Minuten anrösten. Umfüllen.
2. Oliven, Tomaten, Knoblauchzehe in den Mixtopf geben und auf Stufe 5 für 3 Sekunden zerkleinern. Umfüllen. Eier trennen. Eigelb und Ricotta in den Mixtopf geben, Hälfte der Parmesanmischung zufügen, salzen und pfeffern

und auf Stufe 3 für 3 Sekunden glatt rühren. Umfüllen.

3. Mixtopf auswischen und Eiweiß hineingeben. Auf Stufe 8 für ca. 10 Sekunden steif schlagen. Oliven, Tomaten, Knoblauch, Kräuter, Thunfisch, Pinienkerne und Eigelbmischung langsam hineinleeren und dabei laufend mit Stufe 1 vermengen, bis alles gut vermischt ist.
4. Varomaeinlegeboden mit einem Backpapier auslegen, mit der restlichen Parmesanmischung ausstreuen und die Eimischung vorsichtig hineinleeren.
5. 300 ml Wasser in den Mixtopf geben, Varoma aufsetzen und 25 Minuten/Varoma/Stufe 1 dünsten.
6. Vorsichtig aus dem Varomaboden nehmen, halbieren und servieren.

Gefüllte Fleischtomaten mit Thunfisch

Kcal 210 **Eiweiß** 15 g **Fett** 14 g **Kohlenhydrate** 5 g pro Portion
2 Portionen

Zutaten

185 g Thunfischfilet
4 große, feste Fleischtomaten
3 EL Mayonnaise
1 TL Kapern
1 TL Oliven
1 Knoblauchzehe
½ Zitrone
1 Chilischote
2 TL Olivenöl
Salz, Pfeffer
2 Stiele Oregano
6 Halme Schnittlauch

Zubereitung

1. Thunfischfilet abspülen. Varomaeinlegeboden mit Backpapier auslegen, Thunfisch darauflegen, 200 ml Wasser in den Mixtopf füllen, Varoma aufsetzen und alles für 15 Minuten/Varoma/Stufe 1 dünsten.
2. Währenddessen Tomaten waschen, Strunk abschneiden und mit einem Esslöffel aushöhlen. Knoblauch schälen. Zitrone heiß waschen, trocknen, Schale abreiben, Saft auspressen. Kräuter waschen, vom Oregano die Blätter abzupfen, Schnittlauch in Röllchen schneiden.
3. Varoma absetzen, Wasser ausleeren. Kapern,

Oliven, Knoblauch, Chili in den Mixtopf geben und auf Stufe 5 für 4 Sekunden zerkleinern. Thunfischfilet zufügen und auf Stufe 4 für weitere 3 Sekunden zerkleinern. Mayonnaise, Zitronenschale, Zitronensaft, Olivenöl, Salz, Pfeffer und Kräuter zufügen und alles auf Stufe 2/Linkslauf für 5 Sekunden vermengen. Abschmecken und in die Tomaten füllen.

Kabeljaufilet auf mediterranem Gemüse

Kcal 290 **Eiweiß** 40 g **Fett** 8 g **Kohlenhydrate** 15 g pro Portion
2 Portionen

Zutaten
400 g Kabeljaufilet
250 ml stückige Tomaten aus der Dose
½ Zitrone
1 EL Olivenöl
je 1 rote, grüne und gelbe Paprikaschote
1 Knoblauchzehe
Salz, Pfeffer
4 Stiele Basilikum
4 Stiele Rosmarin
2 Stiele Zitronenthymian

Zubereitung
1. Fischfilet waschen, trocken tupfen und in 4 Stücke schneiden. Zitrone auspressen und Fisch mit Zitronensaft beträufeln und salzen. Paprika waschen, halbieren, Häute entfernen und Kerne auswaschen. Knoblauch schälen. Kräuter

waschen, trocknen und Blätter abzupfen.
2. Varomaeinlegeboden mit Backpapier auslegen und Fischfilets darauflegen. Knoblauch und Paprika in den Mixtopf geben und auf Stufe 5 für 4 Sekunden zerkleinern. Öl zufügen und bei 100 Grad/Stufe 2/Linkslauf für 1 Minute dünsten. Salz, Pfeffer, Zitronenschale und Kräuter zufügen, Tomaten angießen, Varoma aufsetzen und alles für 10 Minuten/Varoma/Stufe 1 dünsten.
3. Abschmecken und anrichten.

Kabeljau auf Gurkensalat

Kcal 230 **Eiweiß** 32 g **Fett** 9 g **Kohlenhydrate** 3 g pro Portion
2 Portionen

Zutaten
350 g Kabeljaufilet
½ Zitrone
1 Knoblauchzehe
1 Schalotte
1 EL Balsamicoessig
3 TL Olivenöl
½ Salatgurke
1 kleine rote Zwiebel
Salz, Pfeffer, Süßstoff
je ½ Bund Dill und Petersilie

Zubereitung
1. Zitrone heiß waschen, trocknen, Schale abreiben und Saft auspressen. Fisch waschen, trocken

tupfen und in vier Stücke schneiden. Mit Zitronensaft beträufeln und salzen.

2. Knoblauch, Schalotte und Zwiebel schälen. Gurke waschen. Kräuter waschen, trocknen und grobe Stiele abschneiden. Rest grob hacken.
3. Gurke in feine Scheiben schneiden oder hobeln, in eine Schüssel geben, salzen und ziehen lassen. Essig, Salz, Pfeffer, Süßstoff, 2 TL Öl in den Mixtopf geben, Knoblauch und Schalotte zufügen und alles auf Stufe 5 für 4 Sekunden mixen. Gurke ausdrücken, in den Mixtopf geben und mit dem Dressing auf Stufe 3/Linkslauf für 4 Sekunden mischen. Umfüllen und marinieren lassen.
4. Zwiebel in den Mixtopf geben und auf Stufe 4 für 3 Sekunden zerkleinern. Restliches Öl zufügen und bei 100 Grad/Stufe 2/Linkslauf für 30 Sekunden braten. Varomaeinlegeboden mit Backpapier auslegen, Fisch darauflegen, Zwiebel, Zitronenschale und Kräuter dazugeben, Wasser in den Mixtopf geben und Varoma aufsetzen. Alles für 10 Minuten/Varoma/Stufe 1 dünsten.
5. Mit dem Salat anrichten und servieren.

Kabeljaufilet nach französischer Art

Kcal 290 **Eiweiß** 39 g **Fett** 13 g **Kohlenhydrate** 5 g pro Portion
2 Portionen

Zutaten

400 g Kabeljaufilet
1 Knoblauchzehe
1 Schalotte
125 g Fenchel
2 Tomaten
1 Anchovis
1 EL Oliven ohne Stein
2 EL Olivenöl
1 rote Chilischote
Salz, Pfeffer
2 Stiele Majoran
2 Stiele Thymian
2 Stiele Oregano

Zubereitung

1. Knoblauch und Schalotte schälen. Fenchel waschen und putzen. Tomaten waschen. Eine Tomate, Knoblauch und Chilischote in den Mixtopf geben und auf Stufe 5 für 4 Sekunden zerkleinern. Umfüllen. Schalotte und Fenchel in den Mixtopf geben und auf Stufe 5 für 4 Sekunden zerkleinern. 1 EL Öl zufügen und alles bei 100 Grad/Stufe 2/Linkslauf für 5 Minuten braten.
2. Fisch waschen, trocken tupfen und in 4 Stücke schneiden. Varomaeinlegeboden mit Backpapier

auslegen. Zweite Tomate in Scheiben schneiden. Fisch mit Tomatenscheiben auf den Einlegeboden legen, salzen und mit restlichem Olivenöl beträufeln. Zerkleinerte Tomatenmischung, Oliven und Anchovis in den Mixtopf geben. Kräuter waschen, trocknen, Hälfte grob hacken und in den Mixtopf geben. Andere Hälfte in den Einlegeboden geben.

3. Varoma aufsetzen und alles für 15 Minuten/Varoma/Stufe 1 dünsten.
4. Soße abschmecken und mit Fisch servieren.

Griechische Garnelenpfanne

Kcal 400 **Eiweiß** 38 g **Fett** 17 g **Kohlenhydrate** 6 g pro Portion
2 Portionen

Zutaten

350 g rohe Garnelen (küchenfertig)
2 Tomaten
1 kleine rote Zwiebel
1 Knoblauchzehe
2 Stangen Frühlingszwiebeln
2 EL Olivenöl
3 EL Ouzo
70 g Feta
Salz, Pfeffer
2 Stiele Oregano
2 Stiele Petersilie
2 Stiele Dille

Zubereitung

1. Garnelen gegebenenfalls auftauen lassen und waschen. Tomaten waschen, putzen, vierteln und entkernen. Kräuter waschen, trocknen und Blätter abzupfen. Zwiebel und Knoblauch schälen, Frühlingszwiebeln waschen und putzen. Tomaten, Zwiebel, Knoblauch, Frühlingszwiebeln und Kräuter in den Mixtopf geben und alles bei Stufe 5 für 6 Sekunden zerkleinern. Umfüllen.
2. Garnelen und Öl in den Mixtopf geben und bei 110 Grad/Stufe 2/Linkslauf für 5 Minuten braten. Vorbereitete Zutaten zugeben, Ouzo

angießen und weitere 2 Minuten braten. Salzen, pfeffern und in eine Auflaufform geben. Feta darüberstreuen und im vorgeheizten Backofen bei 200 Grad Umluft für 10 Minuten überbacken.

Garnelencurry

Kcal 390 **Eiweiß** 20 g **Fett** 31 g **Kohlenhydrate** 9 g pro Portion
2 Portionen

Zutaten
200 g rohe Garnelen (küchenfertig)
400 ml Kokosmilch
100 g Cocktailtomaten
1 rote Chilischote
10 g Ingwer
1 Knoblauchzehe
2 TL rote Currypaste
1 TL Austernsoße
½ Limette
Salz, Süßstoff, Pfeffer
2 Limettenblätter
2 Stiele Thai-Basilikum
3 Stiele Koriander

Zubereitung

1. Garnelen gegebenenfalls auftauen lassen und waschen. Tomaten waschen. Knoblauch und Ingwer schälen. Chilischote, Ingwer und Knoblauch in den Mixtopf geben und auf Stufe 5 für 3 Sekunden zerkleinern. Kokosmilch und Currypaste zugeben und bei 80 Grad/Stufe 2 für

3 Minuten köcheln lassen, bis die Currypaste sich aufgelöst hat. Austernsoße, Salz, Süßstoff und Limettenblätter zufügen und 2 Minuten köcheln lassen.

2. Tomaten halbieren und mit den Garnelen in den Mixtopf geben. Bei gleicher Einstellung 5 Minuten köcheln. Kräuter waschen, trocknen und Blätter abzupfen. Limette heiß waschen, trocknen, Schale abreiben und Saft auspressen. Kräuter, Limettenschale und Limettensaft in das Curry geben, 1 weitere Minute bei gleicher Einstellung köcheln lassen, abschmecken und servieren.

Vegetarische Gerichte

Ricotta-Auberginen-Gratin

Kcal 400 **Eiweiß** 27 g **Fett** 24 g **Kohlenhydrate** 10 g pro Portion
2 Portionen

Zutaten

600 g Auberginen
200 g Ricotta
1 Knoblauchzehe
400 ml Dosentomaten
30 g Parmesan
100 ml fettarme Milch
1 EL Olivenöl
Salz, Pfeffer
2 Stiele Oregano
2 Stiele Basilikum

Zubereitung

1. Auberginen waschen, putzen, halbieren und in Scheiben schneiden. Auf ein mit Backpapier ausgelegtes Backblech legen und im vorgeheizten Backofen bei 175 Grad Umluft für 5 Minuten garen.
2. Kräuter waschen, trocknen und Blätter abzupfen. Knoblauch schälen. Parmesan in den Mixtopf geben und auf Stufe 5 für 3 Sekunden zerkleinern. Umfüllen, 2 EL Parmesan im Mixtopf lassen, Milch zufügen und auf Stufe 5 für 3 Sekunden glatt rühren. Ricotta zufügen und

weitere 3 Sekunden verrühren. Umfüllen.

3. Knoblauch in den Mixtopf geben und auf Stufe 5 für 3 Sekunden zerkleinern. Tomaten, Salz, Pfeffer, Kräuter zufügen und auf Stufe 5 für 4 Sekunden mixen.
4. Eine Auflaufform mit Öl ausstreichen und abwechselnd Tomatensoße, Auberginen und Ricottacreme einfüllen. Mit dem Parmesan bestreuen und im heißen Backofen bei gleicher Temperatur für 30 Minuten backen.

Kürbisauflauf

Kcal 400 **Eiweiß** 27 g **Fett** 25 g **Kohlenhydrate** 13 g pro Portion
2 Portionen

Zutaten

350 g Hokkaido-Kürbis
250 g Zucchini
½ Stange Lauch
50 g Cheddarkäse
50 g Parmesan
2 Eier
150 ml Milch
1 EL Rapsöl
Salz, Pfeffer, Muskat
2 Stiele Thymian

Zubereitung

1. Eine Auflaufform mit Öl ausstreichen. Backofen auf 150 Grad Umluft vorheizen. Kürbis waschen, entkernen, Schale entfernen. Zucchini waschen, Enden abschneiden, halbieren. Kürbis und Zucchini im Mixtopf auf Stufe 6 für 5 Sekunden zerkleinern. Lauch waschen, putzen und in Ringe schneiden. Gemüse in die Auflaufform geben.
2. Käse in den Mixtopf geben und auf Stufe 5 für 3 Sekunden zerkleinern. Eier, Milch, Salz, Pfeffer, Muskat zugeben. Thymian waschen, trocknen, Blättchen abzupfen und in den Mixtopf geben. Alles auf Stufe 3 für 4 Sekunden vermengen. Über das Gemüse gießen und Auflauf im heißen Ofen für 45 Minuten backen.

Ofenspargel

Kcal 420 **Eiweiß** 17,5 g **Fett** 33,5 g **Kohlenhydrate** 13 g pro Portion

2 Portionen

Zutaten

8 Stangen grüner Spargel
200 g Möhren
2 EL Haselnüsse, gemahlen
½ Zwiebel
1 Knoblauchzehe
6 EL Butter
1 kleine Zucchini
7 EL Gemüsebrühe
1 EL Olivenöl
Salz, Pfeffer

Zubereitung

1. Spargel waschen und holzige Enden abschneiden. Stangen quer halbieren. Möhren schälen und in die gleiche Länge schneiden, wie sie die Spargelstücke haben. Zucchini waschen und mit einem Sparschäler 4 lange Streifen abschneiden.
2. Spargel und Möhren in den Varomabehälter geben. Zwiebel und Knoblauch schälen und in den Mixtopf geben und auf Stufe 5 für 3 Sekunden zerkleinern.
3. 1 EL Butter zufügen, Varoma aufsetzen und alles 5 Minuten/Varoma/Stufe 1 dünsten.
4. Gemüse sofort mit eiskaltem Wasser

abschrecken. Haselnüsse und übrige Butter in den Mixtopf geben und mit der Zwiebelmischung auf Stufe 5 für 7 Sekunden verrühren. Salzen und pfeffern und mit der Knetstufe für 5 Sekunden verkneten.

5. Spargel und Möhren in vier Portionen aufteilen und je mit einer Zucchinischeibe umwickeln. In eine gefettete Auflaufform geben, Gemüsebrühe angießen und Haselnuss-Zwiebel-Mischung darauf verteilen. Im vorgeheizten Backofen bei 175 Grad Umluft für 15 Minuten überbacken.

Zucherschoten-Spargel-Pfanne

Kcal 302 **Eiweiß** 8 g **Fett** 21 g **Kohlenhydrate** 15 g pro Portion
2 Portionen

Zutaten
500 g weißer Spargel
100 g Zuckerschoten
2 Schalotten
4 EL Rapsöl
½ Glas Senfgurken
½ Bund Radieschen
5 TL Balsamicoessig
Salz, Pfeffer, Süßstoff
½ Bund Schnittlauch

Zubereitung

1. Essig, Salz, Pfeffer, Süßstoff und 2 EL Öl in den Mixtopf geben. Schnittlauch waschen, in Röllchen schneiden, zugeben und auf Stufe 7 für 4 Sekunden zu einer Soße mixen. Umfüllen.
2. Spargel schälen und die holzigen Enden abschneiden. Spargel quer einmal halbieren. Zuckerschoten putzen und waschen. Schalotten schälen.
3. Schalotten in den Mixtopf geben und auf Stufe 4 für 3 Sekunden zerkleinern.
4. 2 EL Öl zufügen, Spargel zugeben und alles bei 100 Grad/Stufe 2/Linkslauf für 10 Minuten braten. Zuckerschoten zufügen, salzen, pfeffern, Süßstoff zugeben und weitere 2 Minuten braten.
5. Währenddessen Senfgurken abtropfen lassen

und in feine Streifen schneiden. Radieschen waschen und in dünne Scheiben schneiden. Mit der vorbereiteten Soße in den Mixtopf geben, alles auf Stufe 3/Linkslauf für 5 Sekunden vermengen, abschmecken und servieren.

Überbackener Blumenkohl

Kcal 240 **Eiweiß** 11 g **Fett** 16 g **Kohlenhydrate** 12 g pro Portion
2 Portionen

Zutaten

1 Kopf Blumenkohl (ca. 1 kg)
3 kleine Tomaten
20 g Gruyère-Käse
1 Schalotte
1 EL Butter
5 EL Sahne
Pfeffer, Salz, Muskat

Zubereitung

1. Blumenkohl putzen, waschen und in Röschen teilen. Käse im Mixtopf auf Stufe 5 für 3 Sekunden zerkleinern. Umfüllen. Blumenkohl in den Varoma legen, 300 ml Salzwasser einwiegen, Varoma aufsetzen und alles für 10 Minuten/Varoma/Stufe 1 garen.
2. Währenddessen Tomaten putzen, waschen, vierteln und entkernen. In kleine Würfel schneiden. Schalotte schälen.
3. Blumenkohl durch ein Sieb abtropfen lassen, dabei das Wasser auffangen. Schalotte in den

Mixtopf geben und auf Stufe 4 für 3 Sekunden zerkleinern. Butter zugeben und bei 100 Grad/Stufe 2/Linkslauf für 30 Sekunden dünsten. 150 ml vom Blumenkohlwasser und die Sahne in den Mixtopf geben und bei 100 Grad/Stufe 3/Linkslauf 3 Minuten kochen. Mit Salz, Pfeffer und Muskat würzen.

4. Blumenkohl und Tomatenwürfel in eine Auflaufform geben, Soße angießen, Käse darüberstreuen und alles im vorgeheizten Backofen bei 200 Grad für 15 Minuten überbacken.

Orientalisches Omelett mit Minze

Kcal 210 **Eiweiß** 14 g **Fett** 12 g **Kohlenhydrate** 3 g pro Portion
2 Portionen

Zutaten

4 Eier
50 g Magerquark
2 Datteln
Salz, Pfeffer, Curry
2 Stiele Minze

Zubereitung

1. Datteln in den Mixtopf geben und auf Stufe 5 für 3 Sekunden zerkleinern. Kräuter waschen, trocknen und in Streifen schneiden. Eier, Quark, Curry, Salz, Pfeffer, Minze in den Mixtopf geben und mit den Datteln auf Stufe 5 für 4 Sekunden vermengen.
2. Varoma mit Backpapier auslegen, Eiermischung einfüllen, Wasser in den Mixtopf geben, Varoma aufsetzen und Omelett für 10 Minuten/Varoma/Stufe 1 garen.

Spinat-Omelett

Kcal 340 **Eiweiß** 16 g **Fett** 26 g **Kohlenhydrate** 10 g pro Portion
2 Portionen

Zutaten

25 g Blattspinat
½ Bund Frühlingszwiebeln
3 Eier
1 TL Macadamia-Nussöl
½ Granatapfel
4 EL Walnüsse
Salz, Pfeffer, Muskat
¼ Bund Petersilie

Zubereitung

1. Spinat waschen und trocknen. Petersilie waschen, trocknen und Stiele abtrennen. Frühlingszwiebeln waschen und putzen. Spinat, Petersilie und Frühlingszwiebeln in den Mixtopf geben und auf Stufe 10 für 5 Sekunden pürieren.
2. Eier, Öl, Salz, Pfeffer und Muskat zugeben und auf Stufe 5 für 3 Sekunden vermengen. Varoma mit Backpapier auslegen, Eiermischung eingießen, Wasser in den Mixtopf geben, Varoma aufsetzen und alles für 10 Minuten/Varoma/Stufe 1 garen.
3. Kerne aus dem Granatapfel lösen. Nüsse grob hacken. Omelett in 2 Hälften teilen, auf Teller legen und mit Granatapfelkernen und Nüssen bestreuen.

Französisches Omelett mit Camembert

Kcal 390 **Eiweiß** 28 g **Fett** 29 g **Kohlenhydrate** 3 g pro Portion
2 Portionen

Zutaten

5 Eier
150 g Cocktailtomaten
30 g Oliven ohne Stein
150 g Champignons
150 g Camembert
1 TL Olivenöl
Salz, Pfeffer, Muskat
1 Stiel Salbei
1 Stiel Thymian
1 Stiel Rosmarin

Zubereitung

1. Tomaten waschen und halbieren. Pilze putzen und waschen. Camembert in Scheiben schneiden. Kräuter waschen und trocknen. Pilze und Oliven in den Mixtopf geben und auf Stufe 5 für 3 Sekunden zerkleinern. Öl zufügen und Pilze bei 100 Grad/Stufe 2/Linkslauf für 5 Minuten braten.
2. Varoma mit Backpapier auslegen und Pilzmischung einfüllen. Eier und Kräuter mit Salz, Pfeffer und Muskat in den Mixtopf geben und auf Stufe 8 für 4 Sekunden mixen. Über die Pilze gießen. Camembertscheiben darauf verteilen, Wasser in den Mixtopf geben, Varoma aufsetzen und alles für 10 Minuten/Varoma/Stufe 1 garen.

Kohlrabi mit Tofu-Fülle

Kcal 160 **Eiweiß** 18 g **Fett** 3 g **Kohlenhydrate** 12 g pro Portion

2 Portionen

Zutaten

2 große Kohlrabi (à ca. 300 g)
1 Scheibe Eiweißbrot
1 Tomate
170 g Tofu
1 Ei
½ TL Gemüsebrühe
Salz, Pfeffer
½ Bund Schnittlauch

Zubereitung

1. Kohlrabi putzen, schälen, waschen und in den Varomabehälter geben. 500 ml Wasser in den Mixtopf geben, Varoma aufsetzen und Kohlrabi für 30 Minuten/Varoma/Stufe 1 garen.
2. Tomate waschen. Schnittlauch waschen und in Röllchen schneiden. Kohlrabi abgießen und 250 ml des Suds auffangen. Von den Kohlrabi den Deckel abschneiden und das Gemüse mit dem Löffel aushöhlen. In eine Auflaufform setzen.
3. Das ausgehöhlte Fruchtfleisch der Kohlrabi mit Eiweißbrot, Tofu, Ei, Schnittlauch, Tomate, Salz, Pfeffer und Schnittlauch in den Mixtopf geben und auf Stufe 7 für 5 Sekunden zerkleinern. Die Masse in die Kohlrabi einfüllen und Deckel wieder aufsetzen. Aufgehobenen Sud angießen, Brühe zugeben, darin auflösen und alles im vorgeheizten Backofen bei 175 Grad Umluft für 30 Minuten backen.

Kohlrabi-Auflauf

Kcal 405 **Eiweiß** 28 g **Fett** 22 g **Kohlenhydrate** 11 g pro Portion
2 Portionen

Zutaten

500 g Kohlrabi
125 g Tofu
1 TL Olivenöl
150 g Cocktailtomaten
125 g Schmand
3 Eier
Salz, Pfeffer, Muskat
4 Stiele Petersilie

Zubereitung

1. Kohlrabi putzen und schälen. Im Mixtopf auf Stufe 5 für 3 Sekunden zerkleinern, in den Varomabehälter füllen. 250 ml Salzwasser in den Mixtopf geben, Varoma aufsetzen und Kohlrabi für 5 Minuten/Varoma/Stufe 1 garen. Abgießen, kalt abschrecken und abtropfen lassen.
2. Tofu in den Mixtopf geben und auf Stufe 5 für 4 Sekunden zerkleinern, Öl zufügen und Tofu bei 100 Grad/Stufe 2/Linkslauf für 3 Minuten braten. Salzen und pfeffern. Tomaten waschen, halbieren. Petersilie waschen, trocknen, Blätter abzupfen. Kohlrabi, Tomaten, Tofu in eine Auflaufform geben und mit Schnittlauch bestreuen.
3. Schmand und Eier mit Salz, Pfeffer und Muskat

in den Mixtopf geben und auf Stufe 4 für 3 Sekunden vermengen. Über das Gemüse gießen und alles im vorgeheizten Backofen bei 150 Grad Umluft für 30 Minuten backen.

Eintöpfe

Tomaten-Hack-Eintopf

Kcal 390 **Eiweiß** 24 g **Fett** 28 g **Kohlenhydrate** 7 g pro Portion
2 Portionen

Zutaten

150 g gemischtes Hackfleisch
½ Bund Frühlingszwiebeln
2 Knoblauchzehen
1 TL Tomatenmark
1 EL Olivenöl
200 ml Dosentomaten
1 TL Gemüsebrühe, instant
65 g Mozzarella
Salz, Pfeffer, Süßstoff
2 Stiele Oregano
1 Stiel Thymian
3 Stiele Basilikum

Zubereitung

1. Frühlingszwiebeln waschen und putzen. Knoblauch schälen. Kräuter waschen, trocknen und Blätter abzupfen. Frühlingszwiebeln und Knoblauch in den Mixtopf geben und auf Stufe 5 für 3 Sekunden zerkleinern. Umfüllen.
2. Öl und Hack in den Mixtopf geben und bei 100 Grad/Stufe 2/Linkslauf für 3 Minuten braten. Zwiebel und Knoblauch zufügen, Tomatenmark zugeben und für eine weitere Minute braten.

Tomaten, 250 ml Wasser, Brühe, Kräuter, Pfeffer und etwas Süßstoff zugeben und alles bei 100 Grad/Stufe 2 für 15 Minuten köcheln lassen.
3. Mozzarella abtropfen lassen, in Würfel schneiden. Eintopf abschmecken, in zwei Tellern anrichten und Mozzarella hineingeben.

Gemüseeintopf mit Schwarzwurzeln und Lachscreme

Kcal 230 **Eiweiß** 14 g **Fett** 8 g **Kohlenhydrate** 15 g pro Portion
2 Portionen

Zutaten
250 g Schwarzwurzeln
200 g Möhren
250 g Wirsing
100 g Lachsfilet
3 EL Essig
2 TL Gemüsebrühe, instant
1 Eigelb
¼ Zitrone
Salz, Pfeffer
2 Stiele Dill

Zubereitung
1. Möhren schälen. Wirsing putzen und waschen, Strunk abschneiden. Schwarzwurzeln putzen, waschen, schälen und in 2 cm große Stücke schneiden. Sofort in eine Schüssel mit Wasser legen, Essig zufügen (evtl. etwas Alternativmehl aus dem Bioladen) und mit den Händen einmal

kräftig durchmischen.

2. Lachs waschen, trocknen und in den Mixtopf geben. Eigelb, Salz, Pfeffer, Zitronensaft zugeben und alles auf Stufe 10 für 4 Sekunden pürieren. Umfüllen und kalt stellen.
3. Möhren und Wirsing im Mixtopf auf Stufe 5 für 4 Sekunden zerkleinern. Schwarzwurzeln zufügen, 750 ml Wasser angießen, Brühe zugeben und alles bei 100 Grad/Stufe 2 für 15 Minuten garen.
4. Eintopf abschmecken und in 2 große Schüsseln füllen. Lachscreme aus dem Kühlschrank nehmen und löffelweise in den Eintopf geben. Mit Dill garnieren.

Griechischer Eintopf mit Schweinefleisch

Kcal 420 **Eiweiß** 31 g **Fett** 26 g **Kohlenhydrate** 12 g pro Portion
2 Portionen

Zutaten

300 g Schweinegeschnetzeltes
400 ml Dosentomaten
1 Zwiebel
½ rote Paprikaschote
1 EL Olivenöl
100 g Schmand
1 Knoblauchzehe
½ Zitrone
1 TL Tomatenmark
Salz, Pfeffer, Paprikapulver
je 1 Stiel Oregano, Thymian, Rosmarin

Zubereitung

1. Kräuter waschen, trocknen und Blätter abzupfen. Knoblauch schälen. Kräuter und Knoblauch in den Mixtopf geben, Tomatenmark und 1 TL Öl zufügen. Zitrone heiß abspülen, Schale abreiben und ebenfalls in den Mixtopf geben. Alles auf Stufe 10 für 3 Sekunden zu einer Paste pürieren. Schweinefleisch zugeben und auf Stufe 2/Linkslauf für 5 Sekunden vermengen. Umfüllen und marinieren lassen.
2. Zwiebel schälen. Paprika waschen, halbieren, Häute entfernen und Kerne auswaschen. Beides in den Mixtopf geben und auf Stufe 5 für 4 Sekunden zerkleinern. Öl und Schweinefleisch

zufügen und alles bei 120 Grad/Stufe 2/Linkslauf für 3 Minuten braten. Salz, Pfeffer, Paprikapulver zufügen, Tomaten und 200 ml Wasser angießen und bei 100 Grad/Stufe 2/Linkslauf für 10 Minuten köcheln lassen.

3. In zwei Schüsseln geben und mit Schmand garnieren.

Rosenkohleintopf mit Kürbis

Kcal 250 **Eiweiß** 22 g **Fett** 11 g **Kohlenhydrate** 12 g pro Portion
2 Portionen

Zutaten

350 g Rosenkohl
350 g Kürbis
200 g Kasseler-Aufschnitt
1 EL Rapsöl
½ rote Zwiebel
500 ml Gemüsebrühe
Salz, Pfeffer, Curry
3 Stiele Petersilie
1 Stiel Thymian

Zubereitung

1. Rosenkohl putzen, waschen und halbieren. Zwiebel schälen. Kräuter waschen, trocknen, Blätter abzupfen. Kürbis entkernen, schälen, in den Mixtopf geben und auf Stufe 5 für 4 Sekunden zerkleinern. Umfüllen.
2. Zwiebel und Kasseler in den Mixtopf geben, auf Stufe 5 für 4 Sekunden zerkleinern, Öl zufügen und alles bei 100 Grad/Stufe 2/Linkslauf für 7 Minuten braten. Brühe und Rosenkohl zufügen und weitere 15 Minuten köcheln. Kürbis zufügen und weitere 10 Minuten köcheln.
3. Am Schluss Kräuter zufügen und mit Gewürzen abschmecken.

Frühlingseintopf mit Hähnchen

Kcal 320 **Eiweiß** 35 g **Fett** 13 g **Kohlenhydrate** 14 g pro Portion
2 Portionen

Zutaten

300 g Möhren
250 g Brokkoli
350 g Hähnchenbrust
½ Bund Suppengrün
½ Zwiebel
1 EL Sonnenblumenöl
1 Lorbeerblatt
Salz, Pfeffer, Muskat

Zubereitung

1. Möhren schälen. Brokkoli waschen und in Röschen teilen. Hähnchenbrust waschen, trocknen und in Würfel schneiden. Suppengrün putzen, waschen. Zwiebel schälen. Möhren, Suppengrün und Zwiebel in den Mixtopf geben und auf Stufe 7 für 5 Sekunden zerkleinern.
2. Öl zufügen und Gemüse bei 100 Grad/Stufe 2/Linkslauf für 3 Minuten braten. 2 Liter Wasser angießen, Lorbeer, Salz, Pfeffer und Hähnchenbrust zugeben und bei 100 Grad/Stufe 2/Linkslauf für 50 Minuten köcheln.
3. Brokkoli 4 Minuten vor Garende in den Eintopf geben, alles mit Gewürzen abschmecken.

Enteneintopf mit roter Bete

Kcal 510 **Eiweiß** 36 g **Fett** 29 g **Kohlenhydrate** 5 g pro Portion
2 Portionen

Zutaten

325 g Entenbrustfilet
600 ml Gemüsebrühe
½ Bund Suppengrün
125 g Weißkohl
500 g rote Bete
½ Zitrone
Salz, Pfeffer, 2 Pimentkörner, 1 Lorbeerblatt

Zubereitung

1. Suppengrün putzen und waschen bzw. schälen. Weißkohl putzen und waschen, Strunk entfernen. Rote Bete schälen, dabei am besten Handschuhe anziehen. Alles in den Mixtopf geben und auf Stufe 5 für 8 Sekunden zerkleinern. Umfüllen.
2. Entenfleisch waschen, trocknen und Haut vom Fleisch lösen. Fleisch in mundgerechte Stücke schneiden. Haut in Streifen schneiden und kalt stellen. Brühe, Piment, Lorbeer und Entenfleisch in den Mixtopf geben und bei 100 Grad/Stufe 2/Linkslauf für 45 Minuten köcheln.
3. Zerkleinertes Gemüse in den Eintopf geben und weitere 25 Minuten köcheln. Abschließend mit Salz, Pfeffer und Zitronensaft abschmecken. Eintopf in Tellern anrichten.
4. Entenhaut in den Mixtopf geben und bei 100

Grad/Stufe 1/Linkslauf für 1 Minute kross braten. Mit dem Eintopf anrichten.

Chorizo-Eintopf

Kcal 545 **Eiweiß** 25 g **Fett** 42,5 g **Kohlenhydrate** 9 g pro Portion
2 Portionen

Zutaten

2 rote Pfefferonischoten
2 rote Paprikaschoten
250 g Chorizo
750 ml Gemüsebrühe
100 g Perlzwiebeln
Salz, Pfeffer
2 Stiele Petersilie

Zubereitung

1. Paprika und Pfefferoni waschen, halbieren, putzen und entkernen. Wurst pellen. Paprika und Pfefferoni im Mixtopf auf Stufe 5 für 4 Sekunden zerkleinern. Umfüllen.
2. Chorizo im Mixtopf auf Stufe 5 für 3 Sekunden zerkleinern und bei 80 Grad/Stufe 1/Linkslauf für 5 Minuten ohne Fett braten. Paprika und Pfefferoni zugeben und 30 Sekunden dünsten. Brühe zugießen und alles bei 100 Grad/Stufe 2/Linkslauf für 20 Minuten köcheln lassen.
3. Perlzwiebeln in einem Sieb abtropfen lassen und 5 Minuten vor Garzeitende in den Eintopf geben. Petersilie waschen, trocknen, Blätter abzupfen und ebenfalls in den Eintopf geben. Mit Salz und Pfeffer abschmecken und servieren.

Kürbiseintopf mit Tomaten

Kcal 200 **Eiweiß** 5 g **Fett** 13 g **Kohlenhydrate** 14 g pro Portion
2 Portionen

Zutaten

500 g Kürbis
250 g Möhren
½ Zwiebel
1 TL Rapsöl
500 ml Gemüsebrühe
1 Tomate
2 Scheiben Speck
2 EL Crème fraîche
Salz, Pfeffer
2 Stiele Thymian

Zubereitung

1. Kürbis halbieren, Kerne entfernen, Schale abschneiden. Möhren putzen und schälen. Zwiebel schälen. Gemüse in den Mixtopf geben und auf Stufe 7 für 8 Sekunden zerkleinern. Öl zufügen und Gemüse bei 100 Grad/Stufe 2/Linkslauf für 3 Minuten braten. Brühe angießen und alles bei 100 Grad/Stufe 1/Linkslauf für 15 Minuten köcheln.
2. Tomaten waschen, putzen und in Würfel schneiden. Thymian waschen, trocknen und Blätter abzupfen. Speck in Streifen schneiden und in einer kleinen Pfanne kross braten. Tomaten und Thymian in den Eintopf geben, kurz ziehen lassen und Eintopf in 2 Teller füllen. Mit Speck und Crème fraîche servieren.

Scharfer Paprika-Kohl-Eintopf

Kcal 106 **Eiweiß** 9,5 g **Fett** 1,5 g **Kohlenhydrate** 13 g pro Portion
2 Portionen

Zutaten

200 g Wirsing
120 g rote Pfefferonischoten
1 Bund Suppengrün
1 grüne Paprikaschote
1 rote Chilischote
1 Lorbeerblatt, Pfeffer, Salz
3 Stiele Petersilie

Zubereitung

1. Wirsing putzen und waschen. Pfefferoni und Paprika halbieren, putzen, entkernen und waschen. Suppengrün putzen und waschen bzw. schälen.
2. Gemüse und Chili in den Mixtopf geben und auf Stufe 5 für 8 Sekunden zerkleinern.
3. 500 ml Wasser angießen, Salz, Pfeffer und Lorbeerblatt zufügen und alles bei 100 Grad/Stufe 2/Linkslauf für 60 Minuten kochen lassen.
4. Petersilie waschen, trocknen, grob hacken. Eintopf in tiefen Tellern anrichten und mit Petersilie garnieren.

Hähncheneintopf mit Wirsing und Zuckerschoten

Kcal 390 **Eiweiß** 49 g **Fett** 17,5 g **Kohlenhydrate** 8 g pro Portion
2 Portionen

Zutaten
150 g Hähnchenbrust
175 g Zuckerschoten
250 g Wirsing
½ Bund Suppengrün
1 EL Rapsöl
1 Lorbeerblatt
Salz, Pfeffer, Muskat
3 Stiele Basilikum

Zubereitung
1. Hähnchenbrust waschen, trocknen und in Würfel schneiden. Zuckerschoten waschen und quer halbieren. Wirsing waschen und putzen, Strunk abschneiden. Suppengrün putzen und waschen bzw. schälen. Wirsing im Mixtopf auf Stufe 5 für 3 Sekunden zerkleinern. Umfüllen.
2. Suppengrün in den Mixtopf geben und auf Stufe 6 für 4 Sekunden zerkleinern. Die Hälfte wieder aus dem Mixtopf nehmen, Rest darin lassen. Öl zufügen und Gemüse bei 100 Grad/Stufe 2/Linkslauf für 3 Minuten braten. 1,5 Liter Wasser, Hähnchenbrust, Lorbeer, Salz und Pfeffer zufügen und bei 100 Grad/Stufe 2/Linkslauf für 45 Minuten köcheln.
3. Brühe durch ein Sieb gießen, dabei 1 Liter Flüssigkeit auffangen und wieder zurück in den

Mixtopf geben. Restliches Suppengrün und Wirsing zugeben und bei 100 Grad/Stufe 2/Linkslauf für 15 Minuten kochen. 3 Minuten vor Garende die Zuckerschoten und die Hähnchenbrust wieder zufügen. Mit Gewürzen abschmecken und mit Basilikumblättern verfeinern.

Snacks

Gefüllte Tomaten

Kcal 27 **Eiweiß** 2 g **Fett** 1 g **Kohlenhydrate** 2 g pro Portion
15 Stück

Zutaten
15 kleine Tomaten
125 g Speisequark
125 g fettarmer Frischkäse
1 Chilischote
1 Knoblauchzehe
½ Orange
Salz, Pfeffer
3 Stiele Basilikum

Zubereitung

1. Tomaten waschen, den Stielansatz abschneiden und die Tomaten mit einem Teelöffel aushöhlen.
2. Knoblauch schälen. Orange waschen, trocknen und die Schale abreiben. Basilikum waschen und trocknen. Knoblauch, Chili, Orangenschale und Basilikum im Mixtopf auf Stufe 5 für 3 Sekunden zerkleinern, Quark und Frischkäse zufügen, Salz und Pfeffer zugeben und alles auf Stufe 4 für 3 Sekunden vermengen.
3. Füllung mit einem Teelöffel in die Tomaten geben.

Paprikasnacks

Kcal 340 **Eiweiß** 20 g **Fett** 24 g **Kohlenhydrate** 9 g pro Portion
2 Portionen

Zutaten
2 grüne Paprikaschoten
150 g Frischkäse
150 g Magerquark
1 Knoblauchzehe
½ Zitrone
Salz, Pfeffer, Paprikapulver
2 Stiele Zitronenthymian

Zubereitung
Paprika waschen, halbieren, entkernen und jede Hälfte noch einmal längs dritteln, sodass Schiffchen entstehen. Knoblauch schälen. Thymian waschen, trocknen und Blätter abzupfen. Zitrone waschen, trocknen, Schale abreiben. Alle Zutaten bis auf die Paprika in den Mixtopf geben und auf Stufe 5 für 3 Sekunden zu einer Creme verarbeiten. Mit einem Teelöffel auf den Paprikastücken verteilen.

Chicorée-Häppchen mit Ziegenkäse

Kcal 334 **Eiweiß** 13 g **Fett** 24 g **Kohlenhydrate** 13 g pro Portion
2 Portionen

Zutaten
2 Chicoréestauden
2 EL Haselnüsse
2 EL Cranberrys
150 g Ziegenfrischkäse
1 rote Chilischote
1 EL Milch
Salz, Pfeffer, Süßstoff
1 Stiel Thymian

Zubereitung
Thymian waschen, trocknen und Blätter abzupfen. Mit sämtlichen Zutaten bis auf den Chicorée in den Mixtopf geben und alles auf Stufe 5 für 3 Sekunden zu einer Creme verarbeiten. Chicorée putzen und Blätter abtrennen. Ziegenkäsemischung auf den Blättern verteilen.

Gemüsesticks mit Brunnenkresse-Dip

Kcal 265 **Eiweiß** 12 g **Fett** 15 g **Kohlenhydrate** 15 g pro Portion
2 Portionen

Zutaten

100 g Möhren
100 g Kohlrabi
100 g Stangensellerie
100 g Gurke
1 Orange
250 g Speisequark
½ Schalotte
Salz, Pfeffer
4 Halme Schnittlauch
6 Blätter Brunnenkresse

Zubereitung

1. Gemüse putzen, gegebenenfalls schälen und in gleich große Stifte schneiden. Orange heiß waschen, trocknen, Schale abreiben und Saft auspressen. Schalotte schälen. Kräuter waschen.
2. Quark, Schalotte, Salz, Pfeffer, Kräuter, Orangenschale und 2 EL Orangensaft in den Mixtopf geben und auf Stufe 5 für 3 Sekunden zu einer Creme verarbeiten. Zu den Gemüsesticks reichen.

Tofu-Gemüse-Sticks

Kcal 278 **Eiweiß** 15 g **Fett** 19 g **Kohlenhydrate** 11 g pro Portion
2 Portionen

Zutaten

200 g Räuchertofu
½ rote Paprikaschote
6 Champignons
2 Frühlingszwiebeln
3 EL Chilisoße
1 Chilischote
1 EL Sojasoße
½ Zitrone
2 EL Erdnussöl
1 EL Erdnüsse
Salz, Pfeffer
2 Stiele Koriander

Zubereitung

1. Zitrone heiß waschen, trocknen, Schale abreiben, Saft auspressen. Koriander waschen, trocknen und Blätter abzupfen. Chilisoße, Chili, Sojasoße, Zitronenschale, Zitronensaft und Koriander mit Erdnussöl in den Mixtopf geben und auf Stufe 8 für 4 Sekunden zu einem Dressing verarbeiten.
2. Paprika waschen, halbieren, putzen und in 3 cm große Stücke schneiden. Champignons waschen, putzen und halbieren. Frühlingszwiebeln waschen und schräg in 3 cm lange Stifte schneiden. Tofu trocknen und in 3 cm große

Würfel schneiden.

3. Alle Zutaten abwechselnd auf Spieße stecken. Spieße in eine Auflaufform legen, Dressing darübergießen und unter dem heißen Backofengrill für 5 Minuten grillen.

Asiatische Garnelenspieße

Kcal 220 **Eiweiß** 27 g **Fett** 7 g **Kohlenhydrate** 9 g pro Portion
2 Portionen

Zutaten
250 g Garnelen (küchenfertig)
½ Salatgurke
½ Zitrone
4 EL Sojasoße
1 Chilischote
1 Knoblauchzehe
20 g Ingwer
2 EL Erdnussöl
Süßstoff
2 Stiele Thai-Basilikum

Zubereitung
1. Gurke waschen, halbieren, Kerne ausschaben und in 3 cm große Würfel schneiden. Garnelen und Gurken abwechselnd auf Spieße stecken.
2. Zitrone waschen, trocknen, Schale abreiben und Saft auspressen. Basilikum waschen, trocknen und Blätter abzupfen. Knoblauch und Ingwer schälen. Zitronenschale, Zitronensaft, Chilischote, Ingwer, 1 EL Öl, Süßstoff und Basilikum in den Mixtopf geben und auf Stufe 8 für 4 Sekunden mixen. Spieße mit der Hälfte der Soße bestreichen und 30 Minuten marinieren lassen.
3. Restliches Öl in einer Pfanne erhitzen und Spieße darin 3 Minuten braten.

Chicorée-Snacks mit Salsa

Kcal 36 **Eiweiß** 1 g **Fett** 0 g **Kohlenhydrate** 7 g pro Portion
2 Portionen

Zutaten

100 g Mango
80 g Salatgurke
1 grüne Chilischote
½ Schalotte
1 Knoblauchzehe
½ Limette
1 Chicorée
Salz, Süßstoff

Zubereitung

1. Mango schälen. Gurke waschen. Schalotte und Knoblauchzehe schälen. Limette heiß waschen, trocknen, Schale abreiben und Saft auspressen. Mango, Gurke, Chilischote, Schalotte und Knoblauch in den Mixtopf geben und auf Stufe 5 für 3 Sekunden zerkleinern.
2. Limettenschale und Limettensaft zugeben, mit Salz und Süßstoff würzen und auf Stufe 4 für 3 Sekunden vermengen.
3. Chicorée putzen, Strunk abschneiden, Blätter abtrennen und auf einem Teller anrichten. Salsa gleichmäßig darauf verteilen.

Gurkenhäppchen mit Parmesancreme

Kcal 70 **Eiweiß** 4 g **Fett** 5 g **Kohlenhydrate** 1 g pro Portion
16 Portionen

Zutaten

1 Salatgurke
3 Tomaten
250 g Parmesan
150 g Joghurt
Salz, Pfeffer
3 Stiele Basilikum

Zubereitung

1. Gurke waschen, halbieren, Kerne mit einem Löffel ausschaben und in 4 cm breite Stücke schneiden. Tomaten waschen, vierteln, entkernen. Basilikum waschen, trocknen, Blätter abzupfen.
2. Parmesan im Mixtopf auf Stufe 6 für 4 Sekunden zerkleinern. Joghurt, Tomaten, Basilikum, Salz und Pfeffer zugeben und alles auf Stufe 5 für 4 Sekunden zu einer Creme verarbeiten. Parmesancreme auf den Gurkenstücken verteilen.

Bratmöhren mit Taleggiokäse

Kcal 364 **Eiweiß** 13 g **Fett** 29 g **Kohlenhydrate** 11 g pro Portion
2 Portionen

Zutaten

700 g junge Möhren
5 EL Butter
100 g Taleggio
Salz, Pfeffer, Süßstoff
2 Stiele Thymian

Zubereitung

1. Möhren putzen und schälen. 1 EL Butter in den Mixtopf geben, Möhren zugeben und alles bei 100 Grad/Stufe 2/Linkslauf für 1 Minute braten. 125 ml Wasser, Salz, Pfeffer und Süßstoff zufügen und bei 80 Grad/Stufe 2/Linkslauf für 15 Minuten köcheln lassen.
2. Möhren in eine Auflaufform geben. Taleggio in Scheiben schneiden und auf den Möhren verteilen. Unter dem heißen Backofengrill für 3 Minuten backen.
3. Währenddessen die restliche Butter in den Mixtopf geben. Thymian waschen, trocknen, Blätter abzupfen und in den Mixtopf geben. Bei 80 Grad/Stufe 2/Linkslauf für 5 Minuten köcheln lassen.
4. Möhren mit der Thymianbutter beträufeln und servieren.

Gemüsesticks mit Brunnenkresse-Dip

Kcal 265 **Eiweiß** 12 g **Fett** 15 g **Kohlenhydrate** 15 g pro Portion
2 Portionen

Zutaten

100 g Paprika
100 g Chicorée
200 g grüner Spargel
250 g Speisequark
½ Schalotte
2 Knoblauchzehen
Salz, Pfeffer
4 Halme Schnittlauch

Zubereitung

1. Paprika waschen, halbieren, putzen und in Streifen schneiden. Chicorée waschen und mit Strunk vierteln. Grünen Spargel waschen, holzige Enden abschneiden, halbieren und in den Varoma legen. 200 ml Wasser in den Mixtopf geben, Varoma aufsetzen und Spargel für 5 Minuten/Varoma/Stufe 1 garen. In ein Sieb gießen und kalt abschrecken.
2. Schalotte und Knoblauch schälen und in den Mixtopf geben. Mit Quark, Salz, Pfeffer und Schnittlauch auf Stufe 10 für 4 Sekunden pürieren.
3. Gemüsesticks auf einer Platte anrichten und mit Knoblauch-Dip servieren.

Desserts

Tassenkuchen mit Johannisbeeren

Kcal 143 **Eiweiß** 11 g **Fett** 7 g **Kohlenhydrate** 6 g pro Portion
2 Portionen

Zutaten

2 Eier
6 EL Milch mit 1,5 % Fettanteil
2 EL Xucker oder Süßstoff
3 EL Kokosmehl
1 TL Backpulver
etwas Salz
2 EL Johannisbeeren

Zubereitung

Mehl, Backpulver, Salz, Xucker und Johannisbeeren in einer großen Schüssel mischen. Eier und Milch in den Mixtopf geben und auf Stufe 4 für 3 Sekunden vermischen. Mehlmischung zufügen und mit der Knetfunktion für 5 Sekunden vermischen. In 2 Tassen aufteilen und beide in der Mikrowelle für 3 Minuten garen.

Tassenkuchen mit Schokostücken

Kcal 143 **Eiweiß** 11 g **Fett** 7 g **Kohlenhydrate** 6 g pro Portion
2 Portionen

Zutaten

2 Eier
6 EL Milch mit 1,5 % Fettanteil
2 EL Xucker oder Süßstoff
3 EL Kokosmehl
1 TL Backpulver
etwas Salz
20 g Bitterschokolade mit 80 % Kakaoanteil

Zubereitung

Schokolade im Mixtopf auf Stufe 5 für 3 Sekunden zerkleinern. Mehl, Backpulver, Xucker, etwas Salz zufügen und mischen. Milch und Eier in einer Schüssel verquirlen, in den Mixtopf geben und alles mit der Knetfunktion für 5 Sekunden verkneten. In 2 Tassen füllen und in der Mikrowelle für 3 Minuten garen.

Brownies

Kcal 110 **Eiweiß** 6 g **Fett** 8 g **Kohlenhydrate** 3 g pro Portion
12 Portionen

Zutaten

125 g Mandelmehl
3 EL Kakaopulver
2 EL Leinsamen
1 TL Backpulver
75 g Xucker
50 g Schokolade mit 70 % Kakaoanteil
75 g Margarine
50 g Mandeln
etwas Salz

Zubereitung

1. Leinsamen in einer kleinen Schüssel mit heißem Wasser übergießen und 10 Minuten quellen lassen.
2. Mandelmehl, Kakao, Backpulver und Xucker in eine Schüssel geben. Mandeln in den Mixtopf geben und auf Stufe 6 für 3 Sekunden zerkleinern. Schokolade, Margarine und etwas Salz zufügen und bei 80 Grad/Stufe 2 für ca. 4 Minuten schmelzen lassen. Mehlmischung und Leinsamen in den Mixtopf geben und auf Stufe 3 für 10 Sekunden verrühren.
3. Ofen auf 180 Grad Ober-/Unterhitze vorheizen. Backform mit etwas Margarine ausstreichen und Teig in die Form füllen. Im heißen Ofen für ca. 30 Minuten backen.

4. Mit dem Zahnstocher testen, ob die Brownies durch sind (Zahnstocher in den Teig stechen, wenn noch etwas kleben bleibt, noch ein paar Minuten backen). Anschließend aus dem Ofen nehmen und auskühlen lassen.

Erdbeer-Kokos-Creme

Kcal 131 **Eiweiß** 8 g **Fett** 7 g **Kohlenhydrate** 11 g pro Portion
2 Portionen

Zutaten
100 g Erdbeeren
100 g Magerquark
2 EL Kokosmilch, ungesüßt
5 Macadamia-Nüsse
2 EL Xucker
1 Stiel Zitronenmelisse

Zubereitung
1. Nüsse im Mixtopf auf Stufe 5 für 3 Sekunden zerkleinern. Umfüllen.
2. Erdbeeren waschen und im Mixtopf auf Stufe 5 für 3 Sekunden in kleine Stücke schneiden. Quark, Kokosmilch, Nüsse und Xucker zufügen und auf Stufe 1/Linkslauf für 5 Sekunden verrühren. In 2 Dessertschälchen füllen und mit Zitronenmelisse-Blättern garnieren.

Apfelkuchen

Kcal 300 **Eiweiß** 17 g **Fett** 21 g **Kohlenhydrate** 8 g pro Portion
4 Portionen

Zutaten

100 g säuerliche Äpfel
125 g Mandelmehl
75 g Butter
85 g Xucker
2 Eier
½ Zitrone
¼ Packung Backpulver
½ Vanilleschote
Zimt, Salz

Zubereitung

1. Zitrone auspressen und in eine Schüssel mit kaltem Wasser geben. Äpfel halbieren, entkernen, waschen und im Mixtopf auf Stufe 6 für 3 Sekunden zerkleinern. In die Schüssel mit dem Zitronenwasser geben.
2. Xucker und Butter mit Eiern und Zimt in den Mixtopf geben und auf Stufe 2 für 5 Sekunden vermengen. Vanilleschote längs aufschneiden, Mark ausschaben und in den Mixtopf geben. Mandelmehl, Salz und Backpulver in den Mixtopf geben und alles auf Stufe 2 für 5 Sekunden vermengen.
3. Varoma mit Backpapier auslegen. Apfelstücke darauf verteilen. Teig einfüllen. Wasser in den Mixtopf geben, Varoma aufsetzen und alles 50

Minuten/Varoma/Stufe 1 garen.

4. Anschließend den Kuchen aus dem Varoma in eine Pfanne stürzen, sodass die „obere“ Seite nun unten liegt. In der offenen Pfanne 15 Minuten bei mittlerer Hitze braten.

Kokosquark

Kcal 183 **Eiweiß** 29 g **Fett** 2 g **Kohlenhydrate** 10 g pro Portion
2 Portionen

Zutaten
400 g Magerquark
200 ml Kokoswasser
2 EL Eiweißpulver
4 EL Kokosraspel
2 EL Xucker
2 Stiele Zitronenmelisse

Zubereitung
Alle Zutaten in den Mixtopf geben und auf Stufe 3 für 10 Sekunden miteinander vermengen. Mit Zitronenmelisse garnieren.

Erdbeersorbet

Kcal 105 **Eiweiß** 26 g **Fett** 2 g **Kohlenhydrate** 12 g pro Portion
2 Portionen

Zutaten

300 g gefrorene Erdbeeren (ungezuckert)
60 g Eiweißpulver
200 ml Wasser
Süßstoff

Zubereitung

Eiweißpulver und Wasser in den Mixtopf geben und auf Stufe 5 für 3 Sekunden vermengen. Früchte und Süßstoff zugeben und auf Stufe 10 für 5 Sekunden pürieren. In eine Tiefkühlform oder Eisformen füllen und im Tiefkühlschrank für mindestens 1 Stunde kühlen.

Quarksorbet

Kcal 105 **Eiweiß** 26 g **Fett** 2 g **Kohlenhydrate** 12 g pro Portion
2 Portionen

Zutaten
300 g Magerquark
60 g Eiweißpulver mit Vanillegeschmack
200 ml Wasser
Süßstoff
2 Handvoll Eiswürfel

Zubereitung
Eiweißpulver und Wasser in den Mixtopf geben und auf Stufe 5 für 3 Sekunden vermengen. Quark, Eiswürfel und Süßstoff zugeben und auf Stufe 10 für 5 Sekunden pürieren. In eine Tiefkühlform oder Eisformen füllen und im Tiefkühlschrank für mindestens 1 Stunde kühlen.

Vanillemilch mit Chia-Samen

Kcal 70 **Eiweiß** 4 g **Fett** 5 g **Kohlenhydrate** 4 g pro Portion
2 Portionen

Zutaten
4 EL Chia-Samen
100 ml Mandelmilch
1 Vanilleschote
Süßstoff

Zubereitung
Vanilleschote längs aufschneiden, Mark herausschaben und mit allen übrigen Zutaten in den Mixtopf geben. Bei 80 Grad/Stufe 2 für 3 Minuten köcheln, anschließend abkühlen lassen.

Maracuja-Joghurt-Dessert

Kcal 230 **Eiweiß** 6 g **Fett** 18 g **Kohlenhydrate** 10 g pro Portion
2 Portionen

Zutaten

225 g Sojajoghurt
200 g Maracuja
100 g Sahne
1 Limette
Süßstoff

Zubereitung

1. Maracujas halbieren und Kerne mit einem Löffel herausschaben. Limette heiß waschen, trocknen, Schale abreiben. Maracujakerne und Limettenschale in den Mixtopf geben und auf Stufe 10 für 5 Sekunden pürieren. Anschließend durch ein feines Sieb streichen.
2. Sahne im Mixtopf auf Stufe 8 für ca. 10 Sekunden steif schlagen. Süßstoff und Joghurt zugeben und auf Stufe 2 für 5 Sekunden vermengen. In 2 Gläser abwechselnd mit dem Maracujapüree einschichten.

46400811R00083

Printed in Poland
by Amazon Fulfillment
Poland Sp. z o.o., Wrocław

Impressum

Herausgegeben von

CreativContent
Shvernika Str. 7
54049 Nikolaev, UA